WILL SHORTZ PRESENTS WILD

SUDOKU:

200 MEDIUM PUZZLES

EDITED BY
WILL SHORTZ

PUZZLES BY
PZZL.COM

ST. MARTIN'S GRIFFIN
NEW YORK

www.stmartins.com

ISBN-13: 978-0-312-38275-9
ISBN-10: 0-312-38275-8

10   9   8   7   6   5

Introduction

Throughout the history of puzzles and games, many of the biggest successes have come as complete surprises, because they've broken all the "rules."

Parker Bros. famously turned down the rights to the game Monopoly in 1934, because it had "52 design errors." It was too complicated, they said, it had too many pieces, and it took too long to play. So the inventor, Charles B. Darrow, produced and sold 5,000 handmade copies of Monopoly, they quickly sold out, and—once Parker Bros. finally bought the rights—it became the biggest game hit of 1935.

Similarly, the "experts" initially pooh-poohed Scrabble, Trivial Pursuit, crossword puzzles, and many other game and puzzle successes over the years.

Hardly anyone thought sudoku would be popular when it was introduced in Britain in late 2004 and the U.S. in 2005. The public was not interested in number puzzles, according to conventional wisdom. Yet we all know what happened. In less than a year, sudoku has become one of the most popular puzzles in history. Virtually every newspaper has made room for a daily sudoku, sudoku books have been best sellers for six straight months, and sudoku tournaments have been held across the country and around the world. *The Language Report* named "sudoku" the Word of the Year for 2005.

The craze goes on, and, to everyone's surprise, shows little sign of abating.

What's So Great About Sudoku?
The appeal of sudoku comes partly from the simplicity of the rules, which can be stated in a single sentence, and the compactness of the grid, just 9 × 9 squares—combined with some unexpectedly subtle logic. Even longtime enthusiasts may not understand all the techniques needed to work it. Sudoku packs a lot of punch for so small a feature.

Sudoku is a flexible puzzle. It can be easy, moderate, or hard, and you can select the level according to your skills and mood. And the amount of time needed to solve one—generally between 10 and 30 minutes, for most people for most puzzles—is about perfect in order to feed a daily addiction. If sudoku took less time, it wouldn't pose enough challenge, and if it took more, you might lose interest or simply not be able to fit sudoku into your schedule.

Like crosswords, sudoku puzzles have blank squares that are inviting to fill in. It's said nature abhors a vacuum. We as human beings seem to have a natural compulsion to fill up empty spaces. A sudoku addict has difficulty turning a page that has empty puzzle squares begging to be completed.

Sudoku also provides an appealing rhythm of solving. Generally, the first few numbers are easy to enter. Then, in the harder examples at least, you may get stymied and maybe a bit frustrated. Once you make the critical breakthrough (or breakthroughs), though, the final numbers can come quickly, giving you a rush and a heady sense of achievement—often tempting you to start another sudoku immediately. Hence the addictiveness of sudoku, which is the "crack cocaine" of puzzles.

New Challenges

On the following pages are 200 medium-level sudoku puzzles. Every one has been checked, rechecked, and then re-rechecked to ensure that it has a unique solution, and that it can be solved using step-by-step logic. You never have to guess here.

As usual, all the puzzles in this book were created by my colleague Peter Ritmeester and the staff of PZZL.com.

Try them. And as one correspondent wrote me recently, you, too, will go "sudoku kuku."

—Will Shortz

How to Solve Sudoku

A sudoku puzzle consists of a 9 × 9–square grid subdivided into nine 3 × 3 boxes. Some of the squares contain numbers. The object is to fill in the remaining squares so that every row, every column, and every 3 × 3 box contains each of the numbers from 1 to 9 exactly once.

Solving a sudoku puzzle involves pure logic. No guesswork is needed—or even desirable. Getting started involves mastering just a few simple techniques.

Take the example on this page (in which we've labeled the nine 3 × 3 boxes A to I, as shown). Note that the boxes H and I already have 8s filled in, but box G does not. Can you determine where the 8 goes here?

5	8	6					1	2
			5	2	8	6		
2	4		8	1				3
			5		3		9	
			8	1	2	4		
4		5	6			7	3	8
	5		2	3			8	1
7				8				
3	6			5				

A	B	C
D	E	F
G	H	I

The 8 can't appear in the top row of squares in box G, because an 8 already appears in the top row of I—and no number can be repeated in a row. Similarly, it can't appear in the middle row of G, because an 8 already appears in the middle row of H. So, by process of elimination, an 8 must appear in the bottom row of G. Since only one square in this row is empty—next to the 3 and 6—you have your first answer. Fill in an 8 to the right of the 6.

Next, look in the three left-hand boxes of the grid, A, D, and G. An 8 appears in both A and G (the latter being the one you just entered). In box A, the 8 appears in the middle column, while in G the 8 appears on the right. By elimination, in box D, an 8 must go in the leftmost column. But which square? The column here has two squares open.

The answer is forced by box E. Here an 8 appears in the middle row. This means an 8 cannot appear in the middle row of D. Therefore, it must appear in the top row of the leftmost column of D. You have your second answer.

In solving a sudoku, build on the answers you've filled in as far as possible—left, right, up, and down—before moving on.

For a different kind of logic, consider the sixth row of numbers—4, ?, 5, 6, ?, ?, 7, 3, 8. The missing numbers must be 1, 2, and 9, in some order. The sixth square can't be a 1, because box E already has a 1. And it can't be a 2, because a 2 already appears in the sixth column in box B. So the sixth square in the sixth row has to be a 9. Fill this in.

Now you're left with just 1 and 2 for the empty squares of this row. The fifth square can't be a 1, because box E already has a 1. So the fifth square must be a 2. The second square, by elimination, has a 1. Voilà! Your first complete row is filled in.

Box E now has only two empty squares, so this is a good spot to consider next. Only the 4 and 7 remain to be filled in. The leftmost square of the middle row can't be a 4, because a 4 already appears in this row in box F. So it must be 7. The remaining square must be 4. Your first complete box is done.

One more tip, and then you're on your own.

Consider 3s in the boxes A, B, and C. Only one 3 is filled in—in the ninth row, in box C. In box A you don't have enough information to fill in a 3 yet. However, you know the 3 can't appear in A's bottom row, because 3 appears in the bottom row of C. And it can't appear in the top row, because that row is already done. Therefore, it must appear in the middle row. Which square you don't know yet. But now, by elimination, you do know that in box B a 3 must appear in the top row. Specifically, it must appear in the fourth column, because 3s already appear in the fifth and sixth columns of E and H. Fill this in.

Following logic, using these and other techniques left for you to discover, you can work your way around the grid, filling in the rest of the missing numbers. The complete solution is shown below.

5	8	6	3	7	4	9	1	2
1	3	7	9	5	2	8	6	4
2	4	9	8	1	6	5	7	3
8	7	2	5	4	3	1	9	6
6	9	3	7	8	1	2	4	5
4	1	5	6	2	9	7	3	8
9	5	4	2	3	7	6	8	1
7	2	1	4	6	8	3	5	9
3	6	8	1	9	5	4	2	7

Remember, don't guess. Be careful not to repeat a number where you shouldn't, because a wrong answer may force you to start over. And don't give up. Soon you'll be a sudoku master!

Searching for More Sudoku to Solve?

Pick Up One of Will Shortz's Bestselling Books

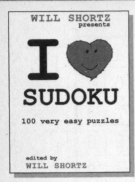

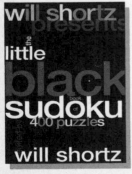

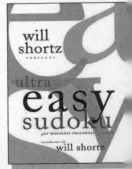

Available at your local bookstore

		2	5	1		6	7	9
8	9	6	7	4	3		1	
5	7	1	9	2	6	4	8	3
6		9						
						9	5	4
	2							
			1		5	3	4	
2	6	3	4					
				3		8		

			3	4			9	
	6						3	
7		2						1
		6						
5	1			8	4	7		
	4	9			1		2	
4							7	5
		7					8	
	5					6		4

		4	9	6	1		5	
			3			8		
	1		7				2	9
1	9							8
6						4		
4		7		9				1
		2			6			
							8	
9	4				2			3

2				7		9		6
		7		1	8			
			2				5	
	4							7
5					9			
8			4	2			6	
			1			8		
			3			4	7	
7		8					2	3

2		4		7				
			9					3
5	3		8					1
6					5			9
		7		1				
3	2			9				
	4					6		
7			2				1	
	6		3		1		5	

	5			9	2			
9	6			4			2	1
					8			
	9	8		7			1	4
7	4						6	
				6				5
			1			5	9	3
1		4						6

8			3		5			2
7	6		4				3	
9			8			4	6	
	8		6		3			5
2								
		9	1	3			4	
1		8						6
				2		9	8	

8 Moderate

		5				7		6
3	4			7				
	1	2				3		
	2		1		9		4	8
					7		5	
						2		
1			4		6	8	7	
	8					9	1	2
			8					

				2		8		
	1				6	3		
			4				5	
5	9					1		
			5				2	
7			9	3	8			
					9			3
			8			2		7
6						4		

		7				4		
					2		7	
		9	3			6		2
4			6			2	3	8
5		6	4				9	
				8				
		1						5
6			8	5	7		1	
3					9			

		8		1				
						8		5
	2				4		7	1
	9	2	6				3	
		6	3	4		1		
			5		9	4		
			1			3		
3			2		7			
1					6		5	

7			2		6			2
	9			8				7
							2	5
	4						5	1
	1		7			2		
		9	1					6
9	8	5			7		1	
2							3	
	7				8		6	

2		1	4		5			
7					6			
			3					9
	7			5	8			6
4								
			1				9	5
		4				7	5	
5				6	9		2	1
1								

	5		7				3	
8						9	1	
				6		2		
6	3	9					4	
7		2		9				
	6	1					2	
					3			4
			4	8		1	9	7

2	6							
4		9					1	
				8	2			
	1						9	
			9	6			5	
		8						4
		4	5	9	1		3	
	9	1			8			7
					7	9	8	

6		4		5				
			7			4	8	
7			9	4	1			8
						9	1	
4					6	3		5
		6					9	
2		9		8				
	6			7		2		

				1	7			5
4		5						
				2				
9				4		3	8	
2	1	3				6		
						7		
1				3				
						8		7
	3	7	4					

	2	5	1				4	
9		8	6					
				3			5	
	5				2			3
	9			6	3			
8			5		4			
						4		
		3				9	2	8
	8		7		6	1		

1		3		4				6
6								
7					5		9	
4					2			
			8	3				
	9	5		1				7
		4				6		
					6		8	2
	1		7					3

				4		9	8	
	6				2			3
							1	
	5			8				
1	3		9					
8			7					
		3				7		
	2		6	7	4	5		1
				5				

	4			2				
		6	3	7		9	8	
			8	9				4
3		5	4				9	2
	9					7		
			9					
						3		
8		4			5		1	
1	7			6		5		

		8	3	4				7
							5	8
				1				
				3		9		6
3	8		1				2	
	7				2			
	5					7		1
	9					2	4	
	2	6	4					

9	8			6		1		
	3				2			
1		5						
	7		6					
3			8					5
					3	4		6
		3			1			
				8		3		2
	5		9		4		1	

		1	6					5
7		3				8		
4		9			8			
					2		9	
	1		7					
			3	6				
		2	4					6
3				7		4		8

					9			
1	4					6		
		9	4			1		3
				3	5	4	2	
	3	6						
7								
8			3					2
	2	4			1		3	
6			9			5	8	

		2		7	8		9	
			2		6		7	
5								
	5							
				6	3	5		
9	8							4
8	4							
							1	8
		3		4		7	2	

			7	8		1		
	9					4		3
2								
8								2
				9	3			
1				4		5	8	
	6							8
3		5	1					
						7	9	

3			9					
		4				1		2
1				7	3			
		3	8		2			9
		7						
				9			8	
8			3					1
	6							
			7	5	1		6	

					6			1
2			8	5				
		7	9					
9				4			3	
				6				
8	4	3						2
	3							
5	6							4
			7			2		9

30 Moderate

			4	8		9		1
	8				6		2	
2							7	
1	6		2			4		
				9	4			
						3		
							5	3
			3			1		8
		9	7					

5					9		6	1
		9	3		1			
	2				4			
			9			5	3	
				2	8			
		8						
						7		
2		5	6					
	4				7	8		

								7
2			7			9		4
1							3	
	8				3			
9						8	2	
			4		6	7		
		8	6	2				
3		5	9				4	
					1			

8	1				6		7	
					8		2	9
				1		6		2
		8		3	9			
6						4	3	
			3					6
				2			5	
2					1	3		

8	3					4		
5				2		1		
6		2						5
						2	9	
					8			
	1			3	9		4	
9								7
						5		3
	8			7	1			

7				1				8
		8				7		
			6			9		5
		5			3		8	
					2			6
4								
	2		7			3		
5	3							
	8	1		9				4

		5				7	6	
2				3		5		9
	2					4	3	
6				5	9		7	2
				8				
					4			
	1		7		8			
7	3			1	2		4	

						7		
5				9			8	
4					8	9	6	3
					9		5	
3	1							
	4			6		2	1	8
7		8	4					
	9			3	2			
		3		8				

38 Moderate

				5	4	6	7	
6	1							
	5		6		8	2		
	7			8	1			
			2			9		
5		4						
			8		2		5	
3	8				9			
		2	4			3		9

		3			6			
7		4		2			9	
	9	6	7					
								4
			8		5	2		
		5	9		2		8	6
			6	5	1	4		7
		1					6	
3					4			

	6		2			4		
		4				5		7
					8			
	8	5	9					1
7				6		3		
2					5	6		
						9		
		8	1				7	
	3	2	4		7			

6	1					2		
		4					5	
		8			2			6
			7		1		6	
				8				1
9	7		4	5	6			
			6	3	7			8
			2					
8		3		4				

6				4				5
	2			6				
	7		9			8		
8					4			
9		2				4	1	
		1		5	3			
		7		8		2		1
		6		2		9	8	
		9				3		

		8						
5		9				1		6
4					3		2	
					7	8		
7		1		3		9		
			4	2			5	
			9	1				
		3			2		4	
					4			

4	1				7			
							2	
9		6				4		
	6	9					4	3
			8					
1	3	2						
				5	3			
7			2					5
				8	6			7

8			7			9	5	
	6			8				7
				9				1
4				5				
	2			6				
	9	3			4			
	3	4						2
1			9				7	
2		7	4					3

1			7					
	6	5	8					
		3		1	5			9
8						1		
							9	6
6			9				2	
	2	9		6	3			
4		8	1					
5				9		3		

		1	9	3				
		2	1			3		6
		4			6			
9	2	7					6	
			4					
	6	3			5	8		
	7					4	5	
			2	8	7	6		
1								

	5	6						
1								5
2				4	1		7	
7				3			4	1
	6	1			4	3		
	3		6		8	9		7
			9	5		7		4
3	4							

5	7	9		4		6		
	6		9					7
								2
		8		6			5	
7					8		6	
			3		7			
		2	5	8		1		
9		1				3		4

	7				8	4		
	8						5	9
9	5	2		3	4		1	
	6							5
2		7			9			
					6	3		
	2			6				3
				4				
		3		9		1		8

				9				2
		4	3					
				7	1			6
	1		2	5			3	
	5							
	2	6		8		5	9	
		2						
		3				6		
	6		8		3	4		7

						8	9	
	2						7	
				5			2	
		3		4				
			7	6	3			5
1		9	2					
	9						5	
2				7		3		
7	1	8					4	2

	2			7		1		
8				5	6	9		2
3								
			4				3	
5		2		1	7			4
			5		1	2		8
	4					5		7
							4	

			5				4	
						7		8
	9					1		6
		9		2	3			
3	1	5			7			
2		4			9		8	3
	3							
		7			8	2	9	
			9		4		7	

	6			7			8	
8		3	2					
		7						
5	9			3			7	
			6				3	
	1	8				6		
4			5			7	2	
	2		1				9	
			9		4	5		

		4	5		2		1	
						9		
	2		9				4	8
6	7			2				
5					7			
			1	5	8			
8	9		6			1	5	
							7	
7			8	1			9	

1	6	5				9		
2		9						8
					5			7
	9			5			3	1
				8	4			
		4	6					
	1		9	6				
						6	4	9
				2				

		6		3			8	1
			8	4	7			
						9		
					6			8
8	5	1				6		
6						5		4
		8			5			
7	2		6	8			1	3
			3					

	6	9			2			1
1				7		8		2
	7			4	8			
	5	7						
			4		9			
				1			5	
5	3	4		8		6		
		6		9		7		8

					3		9	7
						6		
	1	5		6	9			
	7				1			
6						8		
5								1
	9						4	
				8				
	2	8	5			1	3	

				2				
	6			7			9	
	9				8		7	5
		5			4	3		
	7							
			3	1			8	
		9		5		6	4	
4	1	3	8				2	
8				4	2			

6		2			9		4	
			7		3			5
	7		1	6				
8	3		9	4				
2				7				
					8			9
	9		4			6		
	8	1				2	9	
3								

7							9	8
6		9		8	5			
1			3			5		
					3			
				5	1	9		
			6	4			5	2
4	8							5
					2	4	7	
		3					6	1

7				8		9		
9							3	1
	4	6			9			5
6		4						
						2		6
3				7				
			6					7
				5			4	2
			8	3	2	6		9

7	1					6		
			7		3		8	
						4		
	2					7	6	8
	9			5	8			2
		3			7	5		
				1				
	8		9	3	4		1	
		2	8					

Moderate

9		3						
			5		3		6	
		4		8				2
		7	8					3
5	9		2			7		
	6	1			5			
			4		6			5
	7						4	8
4				7				

				6	3	9		
	4							
						2		
9		7					8	3
8		3		2		1	9	
1								
		8		1	5	6		
2			3			8		
	9	5	7				4	1

		8				2	6	4
					4			
	7	2					1	9
			1			5		
	8			9	2			
		6	4	5				1
3		7						8
				4			5	3
		9		1			7	

9				1	8	3	6	
						8		
	6			2		4		
	7			4				
3	2	5				7		
		4						
							1	
	5				3	6		2
		8		5				

8						9	6	2
7	9							8
	6			3				
	2							1
				5	4			
1				6				
9					3	8		
6		3	2			7		
5			4	8	9		3	

		7		1	4	6		
		2						
5					8			9
				2			1	7
				3	1		4	
2	4		7			9		
						8		5
		8		7			9	
	3			5	2	4		

3	5			6		4		
	9	7			3			
								8
2			3					
1			4		9			
				8	7			3
					8	5	9	6
5				4		1		
		2	5		1			4

4	1			3	5			
	7		8				6	
		7		2		6	1	
							9	2
2			4				3	
	6		1	9		8		
8		4						
5	3						2	

3			9				6	7
		8		2				
9					1			
			5					9
8			3			7		
				7	4	6		
		7					4	
4				9				5
		9	7			1		2

2		3	8			1		
			5	3		4		
				4		9		2
		7		5	3			
	5	2		6				1
							9	
7					8	2		
		6	7	4				
							8	3

5		4				2	3	6
	1							
			3					
		9	6		4			
6		7	9				5	3
			2			7		
1	8			3				
			8		7			
				9			4	2

3			9				2	
				2		7		4
8	9				6			
			8		5	6		
							3	
2	4			3	9			
1				4	2		5	
		5						

	1	8	7	2			4	
2								1
9				1				
	6		8		2	1		
8		7				9		3
			9			7	2	
					9	4		
						5	3	
4					3			7

	6	7		2		4		5
			6	9				
							2	
8	4				3	7		
3				8	4		9	
					9			
5		8		3				
					1	8		
		1						4

							7	
				9	7			
		1	6	8		4		
		5		1				
6			3				2	
				6		8		
			2			6		1
	1	9				7		
4	2		7					

2							4	1
		4				2		
			1					7
			2	9				8
6				7	4			5
	3		8			4	9	
		3	5					
4	5	1			7			
		6			8		7	

		5	2		6			
				1		5		3
4		1		8	9		2	
		8			1		9	2
1				2				8
					7			
		3		9				
		4	6					
	7							5

		6						9
8	2	4		3	1			6
			6				8	
	9				3			
								4
			4		7		9	
	8				9		5	
3		5	2	6				
				8		3		

	7				1		8	
					9		5	
				2				
								9
			4				2	
		8	6	7				3
5					6		4	
9								1
3	6		5			7		

9			7	2				6
			9	3		2		
					6	7		
		6						4
3			2					
		4		6			5	3
6			5		7	1		
8		3						
2	7		1					

		6	9		2			
						9		
	4	5						
3				8				
				2			5	6
	7		1					8
			8		6		9	4
			7		9		1	
1						6		

			7				1	
3			6					
					2	3		8
			8			2		
		3						5
9		4						
	5	2					4	
				3	1			
			2		5	7		6

		2						1
	6							8
5		8	3				9	
	9							
		6		3		7	2	
				2				
			8			2		
				7			1	5
	4	7			9	6		

		6	9					5
	5	8						
					2	1		4
3								
		9	5					
					4			6
1				4	9			2
				8		7		
9			7				6	

2		6		4				
				9		5	1	
			3				4	
			4					
5	7	1						
				8	3			
6	8				9			3
3				2				4
			1					

	8		5					6
						8		
	5		4	9				
		3			6			
				5			9	
8		7			4		3	5
		6					1	3
7								
				7			2	

		5						9
					2		5	
			6			8	4	
			5				2	
9		6						7
8			2		7			
	3					6		
2					6		8	
7		9						1

		7						3
		5						
			6			2		
6	7	8			2		1	
	5			8			7	
		3						4
	2				9			5
			8					
3		9	4		7			

					9			
				1	6	4		
							3	5
		7						
		3		4	5	8		
	1						6	2
		5	4	3				
6		2	7				8	
9					8			

		8		4				
					5			6
	1				9			2
		1	3					
	2		1					3
				9	6	5		
	4							
		5	8			6		
3		9				7		

			2					
		2		8	1	6	5	
	5			3			7	
3		4					6	
				4	3			2
5	2						4	
	4	5	8					3
1		9				4		
	8			6				1

	5							
	8				9	4		
	9					5		
9			1					5
	1	2		8			4	6
			2			7		
		1	7			2		
8				1				
	3		9		2	6		8

							4	5
	2	4			9		3	
1			3					9
		2						8
4			5					
3		7			6	9	5	
5	6		7			1	8	
	1	3						
7						3		

		4			5			
	8				3			
		5		2				9
			8			2		6
	7							1
2			1	7	6		5	
	1			3	7		9	
3								
		8	2	1				3

		3			1	4		9
	8		6	3		7		
		1		6	3			8
	7	8			9			3
	4	2					1	
		9			6			
		4		5		3	9	7

1				8	5			7
				3				
	4					6	5	
5				7	6			
2	9							
		4	5		3		8	
	6					9	1	
		9						
3	7			2	4			

	4	2			8			
				6			9	2
				7	3	5	4	
			7				5	1
	3				4			
4						8		
	5		8		7		3	4
6	9							
			6	5		2		

					6	8		
8	1		5				7	
4		7			8	6		2
3				4				8
2				3			4	
	8						9	1
							8	9
					5			
6			1	8		7	5	

		7						1
		9				6	5	
	2			7	9			3
	6					3		
9		4	5				6	
								8
		2	3			7	4	
8								
			6	9				

2		9						7
	1	6						
8				7				
				1	5	4		
	9	8			4	6		
				6		3	1	2
		1		4		2		
	3			2	6			
			3			1	9	

9						6		
7		1						9
	8			5				
	9		5		2		7	8
	6			1		9		
3	5	2		7	8			
		3			4			
	4		3			5		7
				9			1	

5	3			4	8		9	
7								
1			2					
	1				6			
4	9		8	3			1	2
2			4			7		3
	2					1		
6				9			8	
	4	1			2		3	6

8	6	5						3
			4					6
					3	9		
5		2			9			
4		3			5	2		
				8				
6	7		1					
							1	
			2		4	7		9

						1		
4			3	7				8
9								2
			6				3	
	8							
	9	7		1				4
2	7			6			5	
		6	1	5				
	5					3	2	

					8	9		
		8		5			7	
			6	1				
	1				5	3		
2				9			1	
5	9		8	6				
	3					1		
	2	4					9	
			9	7		8		2

5				4	2			9
9				3			2	
			7					
1			2			9		
	7				8		3	
		3	9					8
6		5				2	8	
		8				6	1	
			5					

	6			4				
								6
		8						
	1			5			4	3
				8	3	7		5
						6		
	9						5	
	2		9		1	3		
4					6		1	

							9	
	5			9				4
4		2						
	1			6				
				3	4		7	
9		8	7				2	6
	3	1				5		7
7				5	6		8	
		9		4			6	

8	2	9		7			3	
								1
						5		
	6	5		2	7			8
		1						3
				9		2		
7					4	9		
			6				5	
		6			2			

8								6
6			2				8	
			5				1	
				7		5		8
		9						
		7		1		9		
	7		9					
5		1						4
		6	4	2		7		

	3	2						9
		8	2			4		
1		6	7		9			
	8		4			7		1
		7	1		3		9	2
			8		2			
		3						
6			9				5	
				8		9	2	6

7	5			4				
	1		9	3				
	4	3			2			7
							4	3
1	7					9		
					1			6
5					4			
								1
9						6		5

4				8			1	
			9			6	4	2
	9		7					
			8				7	3
	5			6				
						1	5	
2	8							
1				3	7		8	9
3		9						

			4				8	
1					2			
6		7						
	3	4						
5	6			1			2	
		9	6				7	
				5	3			9
							1	7
	2			4	9			

	3		4				6	
4							7	3
9		2		1				
8	7		9	2				1
		3		7		8		
				4			9	
					9			
	2	8						
				8	6		5	

2			5					3
	3			1			2	
			8					
7	1	9						
						1		
		8		4	5	2		
	4						1	7
	2						6	
		3	9	8				

6							7	
	8					2		
		2	5		4			1
	2				1		4	
	7			8				
						9		5
		6		9				
9	3						8	
4			6					

						3		4
						9	5	
				9				
5		9					6	
		8			7			
	6				4	8		2
		3		1				5
	8				9		3	
			4		5			6

	3		9	2				
				6				
				1	5	8	4	6
	6	9					5	
7								
1		8		9				
							1	8
	5				8			
						3		2

		1		2				
	5	6			7	9		
7						1		
		7		1			8	
					8	3	5	4
					6			
8				4			7	
6							4	
	9							

	4	1					2	9
				5				
		9			3		6	
		4		2				7
7	8							
3								
			6			1		4
		2		9				8
			4				3	

	5	6				2		
	9	1						
	4			6	7			
						1	5	4
								3
		4		2	5		7	
			1					
1				5				
8	2		4			9		

5	2				6		7	
	4				2			9
				8	4		2	
7							9	
6								3
						1		
			4			3		8
		4						
			7	3	5	6		

				6				
1	4	7	5					
					9	5		8
	3			4				
2						1	9	
9						6		
		9		8				
	6		3					7
	8					4		3

		6				1		
5		8	4					
			9	1			7	
			7		8		2	
				6				
	5	1						3
8								
	2	7						5
		3				9	6	

	9		7	8			3	
	7				2		5	
8					9			
		2						4
			5				8	
		6				5		7
9		7			8	3		1
3				9	5		2	
					1		4	

	4	8	5				7	
			8	9	2	3		4
					8			5
	3	1	7					
				3	1			7
			6					
	8	5			3			2
1	7			5			9	

	8				4	6		5
5				7				
	1					3	7	2
			2					
	6	4						8
		3	9	8				
	2		8		7		3	
		5			2			
3			1	5				

					1		5	
9	5	6	8	7				
						3		
		9	1	5	6		4	
1	2			8	9	5		
								7
2				1			8	
3								
	4	8					9	

				8		4	2	
4				3				9
	7			9	2	8		
				6				8
		8						7
3	1						4	
2		9				7		
			8					3
		3		4	5	9		

2		8	9	6				
	7							2	
		3			1			
	1			2		8		
9								
8		2				3		4
1		6	5			9		
	4			1			8	
			3			7	6	

	9				3	4	7	
				2	1			9
		6				2		
9		1						
				9	2			
7	8							6
		2			9	8		
	6			1				3
	3	8		5		1		

			7			1	4	
		7	8		2			
					4		3	
			5	2				4
		5		8	9			
9						5		3
3							2	
	1			7		4	8	9
			4		1		6	

	9		1		3			
		5			6			2
	7		4	5			6	
			2			1		
		7	9					
	8			1			5	
		2					4	
			3		8			1
								7

3		1	4			6	2	
4						8		7
9		2						
					9			
2				3	8	5	1	
			7	4				
	6			1			9	
7		8						
	4				6	3		5

			3		1	6		
9	2					1		7
	1	6	7					4
				9				
6		7	2					
	5							
7							1	
		1	6	5	2		8	
8				7		9		5

3					5			
	6							
			2		3		5	
			3	2		8		
		1			4	6	2	
	7		5			9		1
		9	4			2		
	8						9	
7	2			3	8	1		

		9				2		
6					7	4		
8	4	3				5		
	8	7		3		6	9	
			4				7	8
				5				
	3							2
9			8	1				
				4			3	

	4		2		8	9		7
5								
	6							8
		1	9		6	8		
9	2					6		
						3		1
	3		5					
		4		3				
	7		6		4		3	

			6			1	5	
	2				8		6	
	7			9				
		7		8				
	1				2			3
		5	3	6				
	3					8	1	5
6		2					9	
		4	8				2	

4		3	8			9		
				5	4			
				9		7		
8				2	5			
			1	8		6		
		5	3				7	1
		4	5					2
					1	5		
6							9	

		9						
		5			3			
		8		9		2	4	
6			5		1	4		
			3		2	7		
								6
1						3	5	
			6					8
			7					1

	2		7	6				3
			1			9		
8	5				3			
	3				7	1		
6			8	3				
5	7	2	9					
			6	2				9
	9							1
4				5				6

		8						
	7		1		4			
			5	3				
	5						4	3
		3						9
		7		9			6	
9			2	7		4		
	6			8				
3		2		4		1		

150 Moderate

	8							7
6							9	
		1	2	9				
			7					9
9				6				5
5					3		6	2
		2		7				1
3	6							
7			6				3	

9						1	8	6
	3		7		5	2		
						7		
		6						
	5	4	1					
1			8	4	3			
			8			9		3
			2			8	7	
	9	1	3		7			

			6			7	1	
8		1		5		9		
	7					5		
9		7			3			
						2		9
	4				8			5
		9			2			3
	6			7		1		
	1		3					

							9	7
	8	4			1	3		
	7			8				
			9	4	7			5
		3	1					8
			2			7	1	
								6
		1				4		
2	9	7			4			

154 Moderate

	3					9		2
6								
	4	8						1
1				2	8		7	
				5			8	3
			9					
			5		1	4		
						3	9	
5		3			7			

	3							
5	8			7		1	9	
		4			5			2
		8		1				6
	7	2	6					
	1				9			
			7				1	
				8		6		
4	2	9					8	5

9			6			5	2	
		3	5					
	2						8	
5					1		3	
2					9	4		
	8				7			
8	3							1
		7					6	
		4		2				

					2			
		4	7	6				
8	1	3	9			6		
	2							
					3	1		5
		5			6	4	2	
7			2					3
4		1						
				5				

8				2	3		5	
4	3		5		7			1
7								8
1			2	6				
							3	
			4	8				
2					5		7	9
						2	6	

						7		
		9					4	
			3		8			6
9			2					
		3		8	4	5		
						1		4
			9		6			7
		5						
	3	4	7				5	

		2					9	
						1		
	7	4	8					
					2			7
2							5	
1			5	3	6	4		
						2		1
			3	4				
3	8			5			7	

2							5	1
		9		8				4
1						6		2
	6	8			3			
			2		4			
5						7		
							6	
	3			2				
	7		8	6				

162 Moderate

	4		5					
2				8			4	7
		1				6		
	2			5	6			
			7	2				
					3	9		
	1	5	4		9		6	
						1	5	
		3						

2		4		3		6		
3								
				9	1	2		
			5			3	8	
						5		
1		8	9					
5					7			3
	7		6					
	9			2			1	

		9			3		5	
	8	7		1				
			6					
5				7	1	2		
	1			9				3
					2		4	
4						5		
			4		9			8
		2						7

	4	2					7	5
		1	5					6
3			2					
				5				
	9					4	5	
					8			
			3	7		2		
		8				1	3	
	1				9			4

	5		7			3	8	1
			9			6		
			6	1	5		4	2
	6		4	5	3			7
4		7		6				
5	3					1		
	2	8		7			3	
	9		3		4			6
		1	2					

		8			9			1
			6	5		9		2
							3	
		1			3			
3	2	5		4	6	8		
7	4		2	8				
	8	2	1				4	
		4			7		9	
9	3	7	4	6			8	

168 Moderate

		8			3			
9					1	8		
		1	9		2	5	4	
	8	9						7
7			8	3	4		5	
							8	6
8	1					2		4
		7	3					8
	9		4	2	8	1		5

	9	7			3	4	8	
5	4			2			1	3
1				8		2		
		5				7	9	8
4			5		9		3	1
3				1			2	
					5			
	2	6		9			4	
		4		6				9

170 Moderate

			8	2				3
4		3		6			1	
6	8		3		5			
	6	9				7		5
	1			8	4	3		
			5				2	
9		4			8	6		2
	7			3	2			4
			4	5	9			

	9	8	3	1		7	2	
	7	1					8	
	6							9
3	5				4			2
	2		9			4		
	4		2		6			3
9	8		1		7	6		5
		5	8				4	
				2		9		

	8	3					9	7
				9	3			
1				2	4		3	
	3	1	5	6			7	
7	9	5	1				2	
		4				8		
9		2		7			8	6
3						7	1	
		8		1		2		

	1					6	5	
						7	4	
			7	1		3		2
			6			1		
	5	4	9		1		2	3
				4	8		6	
	2				5			8
9	7	1	4	8	6			5
8				2				6

				1		3	2	4
		8	9		3	7	1	
	3		2		4			8
		1		7			8	
8			1		2		5	
2		6					4	3
			6				3	1
		3			7		9	
	4	2				8		

		3			7	5		4
		2		1	4	6		
1	9		5		8	2		7
	2							
5	1			9	6		8	
		6	7					5
	8		6			7		
	3		4		9			1
		9		5				2

			5	6				
		1	9			4		8
	5		7					
3	2	6	4			5		1
				8				4
						6		
1					4			3
	3	5					7	
	9		3	1		2		

						1		
				2		5	8	9
2			1	3			4	
				1			3	2
3				9	4			
						6		
	8			4			1	
		9	5			3		
	3	4	2		7			

9	5					2		
8	4	7						
	3						6	
			2	8		5		
4			1					
			7	4	3			8
		3			7			6
	2		8	3				4
				2		3		9

7			8				2	9
		9	1					
	8					7		1
			2	3		9		
		5	9					
	4		6	8	5			
		3			6			
				2				
8		1	7				3	5

3	8			6				
2		9			8			
							8	3
			7		4		2	
						7		
		6	5					8
		7	1	2			9	4
6		3						7
	1		6	9				

	5		8					
4			7				6	3
7	8	1			3	5	2	
6						4		
			4	9		7		
9	3				5			
					2	6		
2			5	6				4

	6	1	4		3			
		4				3		5
				9				
4	8	3						
1	2	7	8	3	4		5	
		9			7			
	3		5	1	6			
			9					6
							9	

2				5	7			
			8				5	2
1					9	6		
					3		4	1
		4		8		9		3
7					2			6
6					4			
		9	6	3				
		5		2		3		

	7	8	2			1		
	9					4		
	1							
		5	8		1			
2				6	9	7		
				7		3	1	
9				3		8		
			6	4			5	9

				1	2			
	5				9	1		7
	8	9	3					
					8		6	
	4					5		
		7	1	5		3		
	7	5	2				4	
								5
	3	4		9		2		1

			2				3	
				9			7	4
		4			7	9		
			4	5		2		
	7				6		8	5
		8						
			1	6	4			
	4		9			5		8
1			8	7			4	

7		1		2			9	
9		3	4					
					8	1	5	
								6
		8					7	
	4			3	6	5		
	2			5			6	9
	1		6		9	2		
3				4				

188 Moderate

7								9
2		6				8		7
5	9		3			1		
		7		3				
8			5		9			
1						2		
				6	4		3	
				5				8
		2		1			6	

4				3	2			
2					9		7	
				5				
		2	4			8	5	
5	8		7			9		
	9			6			1	
	3	1			4	2		
9								8
				7				

	3					4		
2		5	4				3	8
	4	1		2	9			
			2	5				6
		7						5
		4		9	1		8	
								1
1	5				6			
			4		2			

			9		1	8	2	
2		6						
4				5		1		
					3			
1					2		5	
	3	2					7	
		8		7		5	4	
	6	7		1	9			2

						2		
							6	7
5			4	3				
		2	1					3
	1		5			4		
9	3	4			2			
2	6					1		
4			8				9	
						3		8

3				7		9		4
						5	6	
		8			1			
			2	4				
	6			1	9	8		
		4					7	
1	7	9	4			3		
		6						
	5		1	6	8	7		

2	9							
4			9			7		3
					5		1	
	2	1			3			
		8	7					5
						6	2	
		2			6	5		4
			3				9	
		4			1			

						6		
							7	1
	7	1	3				8	
9	5				4	2		
								6
				8	6			4
		9		6	1			
1		2		4				
	4	7						5

		5	4	3				8
7				1	9	4		5
4				5		2		
1			3	7				
		2					4	
					6			2
6		7	8	9				
						1	7	
	5	3						

4			3				8	
			1				6	
	2			9	4			
	6		9			3		
		3			6	8		
7					2			
9	5	4						
		8		6		9		3
			2				4	

6				8		4		
				5		2		9
	3	4						
5	9							
	7					3	1	
					1			8
	2	3		4	5			
		9						2
		5	3		8			1

2				1	4			9
							1	
	7				3	6		
					5			
5				2		3		
6		9						8
		2		3	9			
		3	2			4		
1		8		6				

4		3	6			9	5	
9								
5		2				1		
				1		4		
6			9	2	3			1
		7	8			3		
					2		9	
	9		1	8				7
				4				

ANSWERS

1

4	3	2	5	1	8	6	7	9
8	9	6	7	4	3	2	1	5
5	7	1	9	2	6	4	8	3
6	4	9	3	5	1	7	2	8
3	1	8	6	7	2	9	5	4
7	2	5	8	9	4	1	3	6
9	8	7	1	6	5	3	4	2
2	6	3	4	8	7	5	9	1
1	5	4	2	3	9	8	6	7

2

1	8	5	3	4	7	2	9	6
9	6	4	1	5	2	8	3	7
7	3	2	9	6	8	4	5	1
2	7	6	5	9	3	1	4	8
5	1	3	2	8	4	7	6	9
8	4	9	6	7	1	5	2	3
4	2	1	8	3	6	9	7	5
6	9	7	4	1	5	3	8	2
3	5	8	7	2	9	6	1	4

3

2	8	4	9	6	1	3	5	7
7	6	9	3	2	5	8	1	4
5	1	3	7	8	4	6	2	9
1	9	5	2	4	3	7	6	8
6	3	8	5	1	7	4	9	2
4	2	7	6	9	8	5	3	1
8	7	2	1	3	6	9	4	5
3	5	1	4	7	9	2	8	6
9	4	6	8	5	2	1	7	3

4

2	8	4	5	7	3	9	1	6
9	5	7	6	1	8	3	4	2
3	6	1	2	9	4	7	5	8
1	4	9	8	5	6	2	3	7
5	2	6	7	3	9	1	8	4
8	7	3	4	2	1	5	6	9
4	3	2	1	6	7	8	9	5
6	9	5	3	8	2	4	7	1
7	1	8	9	4	5	6	2	3

5

2	8	4	1	7	3	5	9	6
1	7	6	9	5	4	8	2	3
5	3	9	8	2	6	7	4	1
6	1	8	4	3	5	2	7	9
4	9	7	6	1	2	3	8	5
3	2	5	7	9	8	1	6	4
9	4	1	5	8	7	6	3	2
7	5	3	2	6	9	4	1	8
8	6	2	3	4	1	9	5	7

6

8	5	1	6	9	2	4	3	7
9	6	3	5	4	7	8	2	1
4	2	7	3	1	8	6	5	9
6	9	8	2	7	5	3	1	4
7	4	5	8	3	1	9	6	2
3	1	2	4	6	9	7	8	5
5	3	9	7	2	6	1	4	8
2	7	6	1	8	4	5	9	3
1	8	4	9	5	3	2	7	6

7

8	9	4	3	7	5	6	1	2
7	6	2	4	8	1	5	3	9
5	1	3	2	6	9	8	7	4
9	7	5	8	1	2	4	6	3
4	8	1	6	9	3	7	2	5
2	3	6	7	5	4	1	9	8
6	5	9	1	3	8	2	4	7
1	2	8	9	4	7	3	5	6
3	4	7	5	2	6	9	8	1

8

8	9	5	3	1	4	7	2	6
3	4	6	8	7	2	5	9	1
7	1	2	6	9	5	3	8	4
5	2	7	1	3	9	6	4	8
4	3	8	2	6	7	1	5	9
9	6	1	5	4	8	2	3	7
1	5	9	4	2	6	8	7	3
6	8	4	7	5	3	9	1	2
2	7	3	9	8	1	4	6	5

9

4	3	9	1	2	5	8	7	6
8	1	5	7	9	6	3	4	2
2	7	6	4	8	3	9	5	1
5	9	4	6	7	2	1	3	8
3	6	8	5	4	1	7	2	9
7	2	1	9	3	8	5	6	4
1	4	7	2	5	9	6	8	3
9	5	3	8	6	4	2	1	7
6	8	2	3	1	7	4	9	5

10

2	6	7	9	8	1	4	5	3
8	3	4	5	6	2	1	7	9
1	5	9	3	7	4	6	8	2
4	7	1	6	9	5	2	3	8
5	8	6	4	2	3	7	9	1
9	2	3	7	1	8	5	4	6
7	4	8	1	3	6	9	2	5
6	9	2	8	5	7	3	1	4
3	1	5	2	4	9	8	6	7

11

6	7	8	9	1	5	2	4	3
9	1	4	7	2	3	8	6	5
5	2	3	8	6	4	9	7	1
4	9	2	6	8	1	5	3	7
7	5	6	3	4	2	1	8	9
8	3	1	5	7	9	4	2	6
2	6	7	1	5	8	3	9	4
3	4	5	2	9	7	6	1	8
1	8	9	4	3	6	7	5	2

12

7	5	1	2	4	6	8	9	3
6	9	2	3	8	5	1	4	7
4	3	8	9	7	1	6	2	5
3	4	7	8	6	2	9	5	1
5	1	6	7	9	3	2	8	4
8	2	9	1	5	4	3	7	6
9	8	5	6	3	7	4	1	2
2	6	4	5	1	9	7	3	8
1	7	3	4	2	8	5	6	9

13

2	9	1	4	8	5	6	3	7
7	5	3	9	1	6	2	8	4
8	4	6	3	7	2	5	1	9
3	7	9	2	5	8	1	4	6
4	1	5	6	9	3	8	7	2
6	8	2	1	4	7	3	9	5
9	6	4	8	2	1	7	5	3
5	3	8	7	6	9	4	2	1
1	2	7	5	3	4	9	6	8

14

2	5	6	7	1	9	4	3	8
8	7	3	5	4	2	9	1	6
1	9	4	3	6	8	2	7	5
6	3	9	8	7	1	5	4	2
5	1	8	2	3	4	7	6	9
7	4	2	6	9	5	3	8	1
4	6	1	9	5	7	8	2	3
9	8	7	1	2	3	6	5	4
3	2	5	4	8	6	1	9	7

15

2	6	3	4	1	9	8	7	5
4	8	9	7	5	6	3	1	2
1	5	7	3	8	2	4	6	9
5	1	6	8	2	4	7	9	3
7	4	2	9	6	3	1	5	8
9	3	8	1	7	5	6	2	4
8	7	4	5	9	1	2	3	6
6	9	1	2	3	8	5	4	7
3	2	5	6	4	7	9	8	1

16

6	1	4	2	5	8	7	3	9
3	8	7	1	9	4	5	6	2
9	5	2	7	6	3	4	8	1
7	3	5	9	4	1	6	2	8
8	2	6	5	3	7	9	1	4
4	9	1	8	2	6	3	7	5
5	4	3	6	1	2	8	9	7
2	7	9	3	8	5	1	4	6
1	6	8	4	7	9	2	5	3

17

3	6	9	8	1	7	4	2	5
4	2	5	6	9	3	1	7	8
7	8	1	5	2	4	9	6	3
9	7	6	2	4	5	3	8	1
2	1	3	9	7	8	6	5	4
8	5	4	3	6	1	7	9	2
1	9	8	7	3	2	5	4	6
6	4	2	1	5	9	8	3	7
5	3	7	4	8	6	2	1	9

18

3	2	5	1	8	9	7	4	6
9	7	8	6	4	5	3	1	2
6	4	1	2	3	7	8	5	9
4	5	7	9	1	2	6	8	3
1	9	2	8	6	3	5	7	4
8	3	6	5	7	4	2	9	1
5	1	9	3	2	8	4	6	7
7	6	3	4	5	1	9	2	8
2	8	4	7	9	6	1	3	5

19

1	8	3	9	4	7	2	5	6
6	5	9	2	8	3	7	1	4
7	4	2	1	6	5	3	9	8
4	6	8	5	7	2	9	3	1
2	7	1	8	3	9	4	6	5
3	9	5	6	1	4	8	2	7
8	2	4	3	5	1	6	7	9
5	3	7	4	9	6	1	8	2
9	1	6	7	2	8	5	4	3

20

3	1	2	5	4	7	9	8	6
7	6	9	8	1	2	4	5	3
4	8	5	3	6	9	2	1	7
2	5	6	4	8	1	3	7	9
1	3	7	9	2	5	6	4	8
8	9	4	7	3	6	1	2	5
5	4	3	1	9	8	7	6	2
9	2	8	6	7	4	5	3	1
6	7	1	2	5	3	8	9	4

21

9	4	8	5	2	6	1	7	3
2	1	6	3	7	4	9	8	5
5	3	7	8	9	1	2	6	4
3	6	5	4	1	7	8	9	2
4	9	2	6	8	3	7	5	1
7	8	1	9	5	2	4	3	6
6	5	9	1	4	8	3	2	7
8	2	4	7	3	5	6	1	9
1	7	3	2	6	9	5	4	8

22

2	6	8	3	4	5	1	9	7
1	3	7	9	2	6	4	5	8
9	4	5	7	1	8	6	3	2
5	1	2	8	3	4	9	7	6
3	8	9	1	6	7	5	2	4
6	7	4	5	9	2	8	1	3
4	5	3	2	8	9	7	6	1
8	9	1	6	7	3	2	4	5
7	2	6	4	5	1	3	8	9

23

9	8	5	3	6	7	1	2	4
6	3	7	4	1	2	5	9	8
1	4	2	5	9	8	7	6	3
8	7	4	6	2	5	9	3	1
3	1	6	8	4	9	2	7	5
5	2	9	1	7	3	4	8	6
7	6	3	2	5	1	8	4	9
4	9	1	7	8	6	3	5	2
2	5	8	9	3	4	6	1	7

24

9	8	1	6	2	3	7	4	5
6	2	4	8	5	7	9	1	3
7	5	3	9	1	4	8	6	2
4	6	9	1	3	8	5	2	7
8	3	7	5	4	2	6	9	1
2	1	5	7	9	6	3	8	4
1	4	8	3	6	5	2	7	9
5	7	2	4	8	9	1	3	6
3	9	6	2	7	1	4	5	8

25

3	8	5	1	6	9	2	7	4
1	4	7	5	2	3	6	9	8
2	6	9	4	7	8	1	5	3
9	1	8	6	3	5	4	2	7
4	3	6	2	9	7	8	1	5
7	5	2	8	1	4	3	6	9
8	9	1	3	5	6	7	4	2
5	2	4	7	8	1	9	3	6
6	7	3	9	4	2	5	8	1

26

6	1	2	4	7	8	3	9	5
4	3	9	2	5	6	8	7	1
5	7	8	3	9	1	6	4	2
3	5	1	9	8	4	2	6	7
7	2	4	1	6	3	5	8	9
9	8	6	5	2	7	1	3	4
8	4	7	6	1	2	9	5	3
2	6	5	7	3	9	4	1	8
1	9	3	8	4	5	7	2	6

27

6	5	3	7	8	4	1	2	9
7	9	8	6	2	1	4	5	3
2	1	4	9	3	5	8	7	6
8	4	6	5	1	7	9	3	2
5	7	2	8	9	3	6	4	1
1	3	9	2	4	6	5	8	7
9	6	7	4	5	2	3	1	8
3	8	5	1	7	9	2	6	4
4	2	1	3	6	8	7	9	5

28

3	2	6	9	1	4	8	7	5
7	9	4	5	6	8	1	3	2
1	5	8	2	7	3	4	9	6
6	1	3	8	4	2	7	5	9
9	8	7	6	3	5	2	1	4
2	4	5	1	9	7	6	8	3
8	7	9	3	2	6	5	4	1
5	6	1	4	8	9	3	2	7
4	3	2	7	5	1	9	6	8

29

3	9	8	4	7	6	5	2	1
2	1	4	8	5	3	7	9	6
6	5	7	9	1	2	4	8	3
9	7	6	2	4	1	8	3	5
1	2	5	3	6	8	9	4	7
8	4	3	5	9	7	6	1	2
7	3	9	6	2	4	1	5	8
5	6	2	1	8	9	3	7	4
4	8	1	7	3	5	2	6	9

30

6	7	5	4	8	2	9	3	1
3	8	1	9	7	6	5	2	4
2	9	4	5	3	1	8	7	6
1	6	7	2	5	3	4	8	9
8	5	3	1	9	4	2	6	7
9	4	2	8	6	7	3	1	5
4	1	8	6	2	9	7	5	3
7	2	6	3	4	5	1	9	8
5	3	9	7	1	8	6	4	2

31

5	8	3	2	7	9	4	6	1
4	6	9	3	5	1	2	8	7
1	2	7	8	6	4	3	9	5
7	1	2	9	4	6	5	3	8
3	5	4	1	2	8	6	7	9
6	9	8	7	3	5	1	4	2
8	3	1	4	9	2	7	5	6
2	7	5	6	8	3	9	1	4
9	4	6	5	1	7	8	2	3

32

8	5	9	3	4	2	1	6	7
2	3	6	7	1	5	9	8	4
1	7	4	8	6	9	5	3	2
6	8	7	2	9	3	4	1	5
9	4	3	1	5	7	8	2	6
5	2	1	4	8	6	7	9	3
7	1	8	6	2	4	3	5	9
3	6	5	9	7	8	2	4	1
4	9	2	5	3	1	6	7	8

33

9	5	2	1	7	3	8	6	4
8	1	4	2	9	6	5	7	3
7	6	3	5	4	8	1	2	9
5	3	7	8	1	4	6	9	2
4	2	8	6	3	9	7	1	5
6	9	1	7	5	2	4	3	8
1	7	9	3	8	5	2	4	6
3	8	6	4	2	7	9	5	1
2	4	5	9	6	1	3	8	7

34

8	3	1	9	5	6	4	7	2
5	4	7	8	2	3	1	6	9
6	9	2	7	1	4	8	3	5
4	5	3	1	6	7	2	9	8
7	6	9	2	4	8	3	5	1
2	1	8	5	3	9	7	4	6
9	2	4	3	8	5	6	1	7
1	7	6	4	9	2	5	8	3
3	8	5	6	7	1	9	2	4

35

7	5	9	2	1	4	6	3	8
1	6	8	5	3	9	7	4	2
3	4	2	6	7	8	9	1	5
2	1	5	9	6	3	4	8	7
8	7	3	1	4	2	5	9	6
4	9	6	8	5	7	1	2	3
9	2	4	7	8	6	3	5	1
5	3	7	4	2	1	8	6	9
6	8	1	3	9	5	2	7	4

36

3	9	5	8	2	1	7	6	4
8	6	7	9	4	5	3	2	1
2	4	1	6	3	7	5	8	9
5	2	9	1	7	6	4	3	8
6	8	3	4	5	9	1	7	2
1	7	4	2	8	3	6	9	5
9	5	2	3	6	4	8	1	7
4	1	6	7	9	8	2	5	3
7	3	8	5	1	2	9	4	6

37

8	3	9	6	4	1	7	2	5
5	6	2	7	9	3	4	8	1
4	7	1	2	5	8	9	6	3
2	8	6	1	7	9	3	5	4
3	1	5	8	2	4	6	9	7
9	4	7	3	6	5	2	1	8
7	2	8	4	1	6	5	3	9
1	9	4	5	3	2	8	7	6
6	5	3	9	8	7	1	4	2

38

2	9	8	1	5	4	6	7	3
6	1	7	9	2	3	5	4	8
4	5	3	6	7	8	2	9	1
9	7	6	5	8	1	4	3	2
8	3	1	2	4	7	9	6	5
5	2	4	3	9	6	8	1	7
1	4	9	8	3	2	7	5	6
3	8	5	7	6	9	1	2	4
7	6	2	4	1	5	3	8	9

39

1	5	3	4	9	6	7	2	8
7	8	4	5	2	3	6	9	1
2	9	6	7	1	8	3	4	5
8	3	2	1	6	7	9	5	4
6	1	9	8	4	5	2	7	3
4	7	5	9	3	2	1	8	6
9	2	8	6	5	1	4	3	7
5	4	1	3	7	9	8	6	2
3	6	7	2	8	4	5	1	9

40

5	6	1	2	7	9	4	3	8
8	2	4	6	3	1	5	9	7
3	9	7	5	4	8	1	6	2
6	8	5	9	2	3	7	4	1
7	1	9	8	6	4	3	2	5
2	4	3	7	1	5	6	8	9
1	7	6	3	8	2	9	5	4
4	5	8	1	9	6	2	7	3
9	3	2	4	5	7	8	1	6

41

6	1	9	5	7	4	2	8	3
7	2	4	8	6	3	1	5	9
5	3	8	9	1	2	7	4	6
3	8	5	7	2	1	9	6	4
2	4	6	3	8	9	5	7	1
9	7	1	4	5	6	8	3	2
1	5	2	6	3	7	4	9	8
4	6	7	2	9	8	3	1	5
8	9	3	1	4	5	6	2	7

42

6	9	8	7	4	2	1	3	5
3	2	5	8	6	1	7	4	9
1	7	4	9	3	5	8	2	6
8	6	3	1	9	4	5	7	2
9	5	2	6	7	8	4	1	3
7	4	1	2	5	3	6	9	8
4	3	7	5	8	9	2	6	1
5	1	6	3	2	7	9	8	4
2	8	9	4	1	6	3	5	7

43

6	2	8	7	5	1	4	9	3
5	3	9	2	4	8	1	7	6
4	1	7	6	9	3	5	2	8
9	5	2	1	6	7	8	3	4
7	4	1	8	3	5	9	6	2
3	8	6	4	2	9	7	5	1
2	7	4	9	1	6	3	8	5
1	9	3	5	8	2	6	4	7
8	6	5	3	7	4	2	1	9

44

4	1	8	9	2	7	3	5	6
3	5	7	6	4	8	9	2	1
9	2	6	3	1	5	4	7	8
8	6	9	1	7	2	5	4	3
5	7	4	8	3	9	6	1	2
1	3	2	5	6	4	7	8	9
6	8	1	7	5	3	2	9	4
7	4	3	2	9	1	8	6	5
2	9	5	4	8	6	1	3	7

45

8	1	2	7	4	3	9	5	6
3	6	9	5	8	1	4	2	7
7	4	5	2	9	6	8	3	1
4	7	1	3	5	9	2	6	8
5	2	8	1	6	7	3	4	9
6	9	3	8	2	4	7	1	5
9	3	4	6	7	5	1	8	2
1	8	6	9	3	2	5	7	4
2	5	7	4	1	8	6	9	3

46

1	8	4	7	2	9	6	3	5
9	6	5	8	3	4	2	7	1
2	7	3	6	1	5	4	8	9
8	9	2	3	7	6	1	5	4
3	4	1	5	8	2	7	9	6
6	5	7	9	4	1	8	2	3
7	2	9	4	6	3	5	1	8
4	3	8	1	5	7	9	6	2
5	1	6	2	9	8	3	4	7

47

6	8	1	9	3	2	7	4	5
7	5	2	1	4	8	3	9	6
3	9	4	5	7	6	1	8	2
9	2	7	8	1	3	5	6	4
8	1	5	4	6	9	2	7	3
4	6	3	7	2	5	8	1	9
2	7	6	3	9	1	4	5	8
5	4	9	2	8	7	6	3	1
1	3	8	6	5	4	9	2	7

48

8	5	6	3	7	2	4	1	9
1	7	4	8	6	9	2	3	5
2	9	3	5	4	1	8	7	6
7	8	9	2	3	5	6	4	1
5	6	1	7	9	4	3	8	2
4	3	2	6	1	8	9	5	7
6	1	8	9	5	3	7	2	4
9	2	5	4	8	7	1	6	3
3	4	7	1	2	6	5	9	8

49

5	7	9	8	4	2	6	3	1
2	6	3	9	1	5	8	4	7
8	1	4	6	7	3	5	9	2
1	3	8	2	6	4	7	5	9
7	2	5	1	9	8	4	6	3
4	9	6	3	5	7	2	1	8
3	4	2	5	8	9	1	7	6
9	5	1	7	2	6	3	8	4
6	8	7	4	3	1	9	2	5

50

1	7	6	9	5	8	4	3	2
3	8	4	6	2	1	7	5	9
9	5	2	7	3	4	8	1	6
4	6	1	3	8	2	9	7	5
2	3	7	5	1	9	6	8	4
5	9	8	4	7	6	3	2	1
8	2	9	1	6	7	5	4	3
6	1	5	8	4	3	2	9	7
7	4	3	2	9	5	1	6	8

51

6	5	7	4	9	8	3	1	2
1	9	4	3	6	2	8	7	5
2	3	8	5	7	1	9	4	6
4	1	9	2	5	6	7	3	8
7	8	5	9	3	4	2	6	1
3	2	6	1	8	7	5	9	4
5	7	2	6	4	9	1	8	3
8	4	3	7	1	5	6	2	9
9	6	1	8	2	3	4	5	7

52

6	5	7	3	1	2	8	9	4
8	2	1	6	9	4	5	7	3
9	3	4	8	5	7	1	2	6
5	7	3	9	4	1	2	6	8
4	8	2	7	6	3	9	1	5
1	6	9	2	8	5	4	3	7
3	9	6	4	2	8	7	5	1
2	4	5	1	7	6	3	8	9
7	1	8	5	3	9	6	4	2

53

9	2	6	8	7	4	1	5	3
8	1	4	3	5	6	9	7	2
3	7	5	1	2	9	4	8	6
1	6	9	4	8	2	7	3	5
5	3	2	6	1	7	8	9	4
4	8	7	9	3	5	6	2	1
7	9	3	5	4	1	2	6	8
6	4	8	2	9	3	5	1	7
2	5	1	7	6	8	3	4	9

54

7	6	3	5	8	1	9	4	2
1	4	2	3	9	6	7	5	8
5	9	8	7	4	2	1	3	6
6	8	9	4	2	3	5	1	7
3	1	5	8	6	7	4	2	9
2	7	4	1	5	9	6	8	3
9	3	1	2	7	5	8	6	4
4	5	7	6	3	8	2	9	1
8	2	6	9	1	4	3	7	5

55

9	6	2	4	7	1	3	8	5
8	4	3	2	5	6	9	1	7
1	5	7	3	9	8	2	4	6
5	9	6	8	3	2	1	7	4
2	7	4	6	1	5	8	3	9
3	1	8	7	4	9	6	5	2
4	8	9	5	6	3	7	2	1
6	2	5	1	8	7	4	9	3
7	3	1	9	2	4	5	6	8

56

9	6	4	5	8	2	3	1	7
3	5	8	7	4	1	9	2	6
1	2	7	9	3	6	5	4	8
6	7	1	3	2	9	4	8	5
5	8	9	4	6	7	2	3	1
2	4	3	1	5	8	7	6	9
8	9	2	6	7	3	1	5	4
4	1	6	2	9	5	8	7	3
7	3	5	8	1	4	6	9	2

57

1	6	5	8	3	7	9	2	4
2	7	9	1	4	6	3	5	8
8	4	3	2	9	5	1	6	7
6	9	8	7	5	2	4	3	1
7	2	1	3	8	4	5	9	6
5	3	4	6	1	9	8	7	2
4	1	7	9	6	3	2	8	5
3	8	2	5	7	1	6	4	9
9	5	6	4	2	8	7	1	3

58

5	4	6	9	3	2	7	8	1
9	1	2	8	4	7	3	5	6
3	8	7	5	6	1	9	4	2
2	9	4	7	5	6	1	3	8
8	5	1	4	9	3	6	2	7
6	7	3	2	1	8	5	9	4
4	3	8	1	7	5	2	6	9
7	2	5	6	8	9	4	1	3
1	6	9	3	2	4	8	7	5

59

8	6	9	5	3	2	4	7	1
1	4	5	9	7	6	8	3	2
3	7	2	1	4	8	9	6	5
4	5	7	8	2	3	1	9	6
6	2	1	4	5	9	3	8	7
9	8	3	6	1	7	2	5	4
7	9	8	2	6	4	5	1	3
5	3	4	7	8	1	6	2	9
2	1	6	3	9	5	7	4	8

60

8	6	4	1	5	3	2	9	7
9	3	7	4	2	8	6	1	5
2	1	5	7	6	9	3	8	4
3	7	2	8	4	1	9	5	6
6	4	1	2	9	5	8	7	3
5	8	9	6	3	7	4	2	1
7	9	6	3	1	2	5	4	8
1	5	3	9	8	4	7	6	2
4	2	8	5	7	6	1	3	9

61

5	3	7	4	2	9	8	6	1
2	6	8	5	7	1	4	9	3
1	9	4	6	3	8	2	7	5
6	8	5	7	9	4	3	1	2
3	7	1	2	8	6	9	5	4
9	4	2	3	1	5	7	8	6
7	2	9	1	5	3	6	4	8
4	1	3	8	6	7	5	2	9
8	5	6	9	4	2	1	3	7

62

6	1	2	5	8	9	7	4	3
9	4	8	7	2	3	1	6	5
5	7	3	1	6	4	9	8	2
8	3	7	9	4	1	5	2	6
2	5	9	3	7	6	8	1	4
1	6	4	2	5	8	3	7	9
7	9	5	4	1	2	6	3	8
4	8	1	6	3	5	2	9	7
3	2	6	8	9	7	4	5	1

63

7	5	2	4	1	6	3	9	8
6	3	9	2	8	5	1	4	7
1	4	8	3	9	7	5	2	6
8	7	5	9	2	3	6	1	4
2	6	4	7	5	1	9	8	3
3	9	1	6	4	8	7	5	2
4	8	7	1	6	9	2	3	5
5	1	6	8	3	2	4	7	9
9	2	3	5	7	4	8	6	1

64

7	1	3	2	8	5	9	6	4
9	2	5	7	6	4	8	3	1
8	4	6	3	1	9	7	2	5
6	7	4	5	2	8	1	9	3
5	8	1	4	9	3	2	7	6
3	9	2	1	7	6	4	5	8
2	3	9	6	4	1	5	8	7
1	6	8	9	5	7	3	4	2
4	5	7	8	3	2	6	1	9

65

7	1	8	4	9	5	6	2	3
2	5	4	7	6	3	9	8	1
9	3	6	2	8	1	4	7	5
5	2	1	3	4	9	7	6	8
4	9	7	6	5	8	1	3	2
8	6	3	1	2	7	5	9	4
3	7	9	5	1	2	8	4	6
6	8	5	9	3	4	2	1	7
1	4	2	8	7	6	3	5	9

66

9	5	3	6	1	2	4	8	7
7	8	2	5	4	3	9	6	1
6	1	4	9	8	7	3	5	2
2	4	7	8	6	1	5	9	3
5	9	8	2	3	4	7	1	6
3	6	1	7	9	5	8	2	4
8	3	9	4	2	6	1	7	5
1	7	6	3	5	9	2	4	8
4	2	5	1	7	8	6	3	9

67

5	8	2	1	6	3	9	7	4
3	4	9	2	7	8	5	1	6
7	1	6	5	9	4	2	3	8
9	2	7	6	5	1	4	8	3
8	6	3	4	2	7	1	9	5
1	5	4	8	3	9	7	6	2
4	3	8	9	1	5	6	2	7
2	7	1	3	4	6	8	5	9
6	9	5	7	8	2	3	4	1

68

5	9	8	7	3	1	2	6	4
6	1	3	9	2	4	7	8	5
4	7	2	5	8	6	3	1	9
9	3	4	1	7	8	5	2	6
1	8	5	6	9	2	4	3	7
7	2	6	4	5	3	8	9	1
3	5	7	2	6	9	1	4	8
2	6	1	8	4	7	9	5	3
8	4	9	3	1	5	6	7	2

69

9	4	2	5	1	8	3	6	7
5	1	7	4	3	6	8	2	9
8	6	3	7	2	9	4	5	1
6	7	9	8	4	2	1	3	5
3	2	5	6	9	1	7	4	8
1	8	4	3	5	7	2	9	6
7	9	6	2	8	4	5	1	3
4	5	1	9	7	3	6	8	2
2	3	8	1	6	5	9	7	4

70

8	3	5	7	4	1	9	6	2
7	9	1	5	2	6	3	4	8
2	6	4	9	3	8	1	5	7
4	2	6	3	9	7	5	8	1
3	7	8	1	5	4	6	2	9
1	5	9	8	6	2	4	7	3
9	4	2	6	7	3	8	1	5
6	8	3	2	1	5	7	9	4
5	1	7	4	8	9	2	3	6

71

8	9	7	2	1	4	6	5	3
3	6	2	5	9	7	1	8	4
5	1	4	3	6	8	7	2	9
6	8	3	4	2	9	5	1	7
9	7	5	6	3	1	2	4	8
2	4	1	7	8	5	9	3	6
1	2	6	9	4	3	8	7	5
4	5	8	1	7	6	3	9	2
7	3	9	8	5	2	4	6	1

72

3	5	8	1	6	2	4	7	9
4	9	7	8	5	3	6	2	1
6	2	1	9	7	4	3	5	8
2	8	6	3	1	5	9	4	7
1	7	3	4	2	9	8	6	5
9	4	5	6	8	7	2	1	3
7	1	4	2	3	8	5	9	6
5	3	9	7	4	6	1	8	2
8	6	2	5	9	1	7	3	4

73

4	1	9	6	3	5	2	8	7
3	7	5	8	4	2	1	6	9
6	2	8	9	7	1	5	4	3
9	4	7	3	2	8	6	1	5
1	8	3	5	6	7	4	9	2
2	5	6	4	1	9	7	3	8
7	6	2	1	9	3	8	5	4
8	9	4	2	5	6	3	7	1
5	3	1	7	8	4	9	2	6

74

3	2	1	9	8	5	4	6	7
6	5	8	4	2	7	3	9	1
9	7	4	6	3	1	5	2	8
7	4	3	5	6	8	2	1	9
8	6	2	3	1	9	7	5	4
1	9	5	2	7	4	6	8	3
2	1	7	8	5	3	9	4	6
4	3	6	1	9	2	8	7	5
5	8	9	7	4	6	1	3	2

75

2	4	3	8	9	6	1	5	7
1	7	9	5	3	2	4	6	8
5	8	6	7	4	1	9	3	2
9	6	7	1	5	3	8	2	4
8	5	2	4	6	9	3	7	1
4	3	1	2	8	7	6	9	5
7	9	5	3	1	8	2	4	6
3	2	8	6	7	4	5	1	9
6	1	4	9	2	5	7	8	3

76

5	7	4	1	8	9	2	3	6
9	1	3	7	2	6	5	8	4
2	6	8	3	4	5	9	7	1
3	5	9	6	7	4	1	2	8
6	2	7	9	1	8	4	5	3
8	4	1	2	5	3	7	6	9
1	8	5	4	3	2	6	9	7
4	9	2	8	6	7	3	1	5
7	3	6	5	9	1	8	4	2

77

3	7	4	9	5	1	8	2	6
6	5	1	3	2	8	7	9	4
8	9	2	4	7	6	5	1	3
7	3	9	8	1	5	6	4	2
5	1	8	2	6	4	9	3	7
2	4	6	7	3	9	1	8	5
1	8	7	6	4	2	3	5	9
9	2	3	5	8	7	4	6	1
4	6	5	1	9	3	2	7	8

78

6	1	8	7	2	5	3	4	9
2	7	5	3	9	4	6	8	1
9	3	4	6	1	8	2	7	5
3	6	9	8	7	2	1	5	4
8	2	7	5	4	1	9	6	3
5	4	1	9	3	6	7	2	8
7	8	3	2	5	9	4	1	6
1	9	6	4	8	7	5	3	2
4	5	2	1	6	3	8	9	7

79

9	6	7	1	2	8	4	3	5
4	2	3	6	9	5	1	8	7
1	8	5	3	4	7	6	2	9
8	4	9	5	6	3	7	1	2
3	1	2	7	8	4	5	9	6
7	5	6	2	1	9	3	4	8
5	9	8	4	3	6	2	7	1
2	7	4	9	5	1	8	6	3
6	3	1	8	7	2	9	5	4

80

9	4	8	1	2	3	5	7	6
5	6	3	4	9	7	2	1	8
2	7	1	6	8	5	4	3	9
7	8	5	9	1	2	3	6	4
6	9	4	3	7	8	1	2	5
1	3	2	5	6	4	8	9	7
8	5	7	2	3	9	6	4	1
3	1	9	8	4	6	7	5	2
4	2	6	7	5	1	9	8	3

81

2	8	7	9	6	5	3	4	1
5	1	4	7	8	3	2	6	9
3	6	9	1	4	2	8	5	7
1	4	5	2	9	6	7	3	8
6	9	8	3	7	4	1	2	5
7	3	2	8	5	1	4	9	6
8	7	3	5	2	9	6	1	4
4	5	1	6	3	7	9	8	2
9	2	6	4	1	8	5	7	3

82

7	8	5	2	3	6	9	4	1
2	9	6	7	1	4	5	8	3
4	3	1	5	8	9	6	2	7
3	5	8	4	6	1	7	9	2
1	6	7	9	2	3	4	5	8
9	4	2	8	5	7	3	1	6
6	2	3	1	9	5	8	7	4
5	1	4	6	7	8	2	3	9
8	7	9	3	4	2	1	6	5

83

1	3	6	7	5	8	2	4	9
8	2	4	9	3	1	5	7	6
7	5	9	6	4	2	1	8	3
4	9	7	8	1	3	6	2	5
2	1	8	5	9	6	7	3	4
5	6	3	4	2	7	8	9	1
6	8	1	3	7	9	4	5	2
3	7	5	2	6	4	9	1	8
9	4	2	1	8	5	3	6	7

84

6	7	2	3	5	1	9	8	4
1	4	3	8	6	9	2	5	7
8	5	9	7	2	4	1	3	6
4	3	5	1	8	2	6	7	9
7	1	6	4	9	3	8	2	5
2	9	8	6	7	5	4	1	3
5	2	7	9	1	6	3	4	8
9	8	4	2	3	7	5	6	1
3	6	1	5	4	8	7	9	2

85

9	8	1	7	2	5	3	4	6
4	6	7	9	3	8	2	1	5
5	3	2	4	1	6	7	8	9
1	5	6	3	7	9	8	2	4
3	9	8	2	5	4	6	7	1
7	2	4	8	6	1	9	5	3
6	4	9	5	8	7	1	3	2
8	1	3	6	4	2	5	9	7
2	7	5	1	9	3	4	6	8

86

7	1	6	9	4	2	5	8	3
2	3	8	5	6	1	9	4	7
9	4	5	3	7	8	2	6	1
3	5	4	6	8	7	1	2	9
8	9	1	4	2	3	7	5	6
6	7	2	1	9	5	4	3	8
5	2	7	8	1	6	3	9	4
4	6	3	7	5	9	8	1	2
1	8	9	2	3	4	6	7	5

87

2	6	8	7	9	3	5	1	4
3	4	5	6	1	8	9	2	7
1	7	9	5	4	2	3	6	8
5	1	7	8	6	4	2	3	9
6	8	3	1	2	9	4	7	5
9	2	4	3	5	7	6	8	1
8	5	2	9	7	6	1	4	3
7	9	6	4	3	1	8	5	2
4	3	1	2	8	5	7	9	6

88

9	7	2	4	8	5	3	6	1
3	6	4	1	9	2	5	7	8
5	1	8	3	6	7	4	9	2
2	9	5	7	4	8	1	3	6
4	8	6	5	3	1	7	2	9
7	3	1	9	2	6	8	5	4
6	5	9	8	1	3	2	4	7
8	2	3	6	7	4	9	1	5
1	4	7	2	5	9	6	8	3

89

4	1	6	9	3	8	2	7	5
2	5	8	4	1	7	6	9	3
7	9	3	6	5	2	1	8	4
3	4	5	8	6	1	9	2	7
6	2	9	5	7	3	4	1	8
8	7	1	2	9	4	5	3	6
1	6	7	3	4	9	8	5	2
5	3	2	1	8	6	7	4	9
9	8	4	7	2	5	3	6	1

90

2	5	6	8	4	1	3	7	9
8	4	3	2	9	7	5	1	6
1	9	7	3	5	6	8	4	2
9	3	8	4	1	5	2	6	7
5	7	1	9	6	2	4	3	8
4	6	2	7	8	3	9	5	1
6	8	4	5	7	9	1	2	3
3	1	5	6	2	8	7	9	4
7	2	9	1	3	4	6	8	5

91

2	8	9	5	3	7	1	4	6
3	7	4	1	6	2	8	5	9
6	5	1	4	9	8	3	7	2
5	9	3	7	2	6	4	8	1
4	1	2	8	5	3	6	9	7
8	6	7	9	1	4	2	3	5
9	4	6	2	8	5	7	1	3
7	2	5	3	4	1	9	6	8
1	3	8	6	7	9	5	2	4

92

6	8	5	4	1	3	2	7	9
4	9	3	7	8	2	1	5	6
1	7	2	6	5	9	8	4	3
3	4	7	5	6	1	9	2	8
9	2	6	3	4	8	5	1	7
8	5	1	2	9	7	3	6	4
5	3	8	1	7	4	6	9	2
2	1	4	9	3	6	7	8	5
7	6	9	8	2	5	4	3	1

93

2	4	7	5	1	8	6	9	3
8	6	5	2	9	3	7	4	1
9	3	1	6	7	4	2	5	8
6	7	8	3	4	2	5	1	9
4	5	2	9	8	1	3	7	6
1	9	3	7	6	5	8	2	4
7	2	6	1	3	9	4	8	5
5	1	4	8	2	6	9	3	7
3	8	9	4	5	7	1	6	2

94

4	5	8	3	2	9	7	1	6
3	7	9	5	1	6	4	2	8
1	2	6	8	7	4	9	3	5
8	9	7	2	6	3	1	5	4
2	6	3	1	4	5	8	7	9
5	1	4	9	8	7	3	6	2
7	8	5	4	3	2	6	9	1
6	4	2	7	9	1	5	8	3
9	3	1	6	5	8	2	4	7

95

7	6	8	2	4	1	3	9	5
4	9	2	7	3	5	1	8	6
5	1	3	6	8	9	4	7	2
6	5	1	3	2	8	9	4	7
9	2	4	1	5	7	8	6	3
8	3	7	4	9	6	5	2	1
1	4	6	9	7	3	2	5	8
2	7	5	8	1	4	6	3	9
3	8	9	5	6	2	7	1	4

96

4	9	6	2	7	5	1	3	8
7	3	2	9	8	1	6	5	4
8	5	1	6	3	4	2	7	9
3	1	4	7	2	8	9	6	5
9	6	7	5	4	3	8	1	2
5	2	8	1	9	6	3	4	7
6	4	5	8	1	9	7	2	3
1	7	9	3	5	2	4	8	6
2	8	3	4	6	7	5	9	1

97

4	5	3	8	2	6	1	9	7
1	8	7	3	5	9	4	6	2
2	9	6	4	7	1	5	8	3
9	7	4	1	6	3	8	2	5
3	1	2	5	8	7	9	4	6
5	6	8	2	9	4	7	3	1
6	4	1	7	3	8	2	5	9
8	2	9	6	1	5	3	7	4
7	3	5	9	4	2	6	1	8

98

9	3	6	2	7	1	8	4	5
8	2	4	6	5	9	7	3	1
1	7	5	3	4	8	2	6	9
6	5	2	9	3	7	4	1	8
4	9	1	5	8	2	6	7	3
3	8	7	4	1	6	9	5	2
5	6	9	7	2	3	1	8	4
2	1	3	8	6	4	5	9	7
7	4	8	1	9	5	3	2	6

99

6	2	4	9	8	5	1	3	7
9	8	1	7	6	3	5	2	4
7	3	5	4	2	1	6	8	9
1	5	3	8	4	9	2	7	6
8	7	6	3	5	2	9	4	1
2	4	9	1	7	6	3	5	8
4	1	2	6	3	7	8	9	5
3	6	7	5	9	8	4	1	2
5	9	8	2	1	4	7	6	3

100

7	2	3	5	8	1	4	6	9
4	1	6	9	2	7	8	3	5
9	8	5	6	3	4	7	2	1
5	9	1	4	6	3	2	7	8
6	7	8	2	1	9	5	4	3
3	4	2	8	7	5	9	1	6
1	5	7	3	9	2	6	8	4
8	3	9	7	4	6	1	5	2
2	6	4	1	5	8	3	9	7

101

1	2	6	4	8	5	3	9	7
7	8	5	6	3	9	4	2	1
9	4	3	7	1	2	6	5	8
5	3	8	2	7	6	1	4	9
2	9	7	8	4	1	5	3	6
6	1	4	5	9	3	7	8	2
8	6	2	3	5	7	9	1	4
4	5	1	9	6	8	2	7	3
3	7	9	1	2	4	8	6	5

102

5	4	2	9	1	8	3	6	7
7	8	3	4	6	5	1	9	2
9	1	6	2	7	3	5	4	8
8	2	9	7	3	6	4	5	1
1	3	7	5	8	4	9	2	6
4	6	5	1	2	9	8	7	3
2	5	1	8	9	7	6	3	4
6	9	8	3	4	2	7	1	5
3	7	4	6	5	1	2	8	9

103

9	3	2	4	7	6	8	1	5
8	1	6	5	2	3	9	7	4
4	5	7	9	1	8	6	3	2
3	9	5	7	4	1	2	6	8
2	6	1	8	3	9	5	4	7
7	8	4	6	5	2	3	9	1
5	4	3	2	6	7	1	8	9
1	7	8	3	9	5	4	2	6
6	2	9	1	8	4	7	5	3

104

3	8	7	4	5	6	9	2	1
4	1	9	8	2	3	6	5	7
6	2	5	1	7	9	4	8	3
5	6	8	2	1	7	3	9	4
9	7	4	5	3	8	1	6	2
2	3	1	9	6	4	5	7	8
1	9	2	3	8	5	7	4	6
8	5	6	7	4	1	2	3	9
7	4	3	6	9	2	8	1	5

105

2	4	9	6	8	1	5	3	7
7	1	6	5	9	3	8	2	4
8	5	3	4	7	2	9	6	1
3	6	2	7	1	5	4	8	9
1	9	8	2	3	4	6	7	5
5	7	4	8	6	9	3	1	2
6	8	1	9	4	7	2	5	3
9	3	5	1	2	6	7	4	8
4	2	7	3	5	8	1	9	6

106

9	2	5	8	3	7	6	4	1
7	3	1	2	4	6	8	5	9
4	8	6	1	5	9	7	3	2
1	9	4	5	6	2	3	7	8
8	6	7	4	1	3	9	2	5
3	5	2	9	7	8	1	6	4
5	1	3	7	8	4	2	9	6
6	4	9	3	2	1	5	8	7
2	7	8	6	9	5	4	1	3

107

5	3	2	1	4	8	6	9	7
7	8	4	9	6	5	3	2	1
1	6	9	2	7	3	4	5	8
3	1	7	5	2	6	8	4	9
4	9	6	8	3	7	5	1	2
2	5	8	4	1	9	7	6	3
9	2	3	6	8	4	1	7	5
6	7	5	3	9	1	2	8	4
8	4	1	7	5	2	9	3	6

108

8	6	5	9	2	7	1	4	3
9	3	7	4	5	1	8	2	6
2	4	1	8	6	3	9	7	5
5	8	2	7	4	9	6	3	1
4	9	3	6	1	5	2	8	7
7	1	6	3	8	2	5	9	4
6	7	4	1	9	8	3	5	2
3	2	9	5	7	6	4	1	8
1	5	8	2	3	4	7	6	9

109

7	6	8	5	2	9	1	4	3
4	2	5	3	7	1	9	6	8
9	1	3	8	4	6	5	7	2
5	4	1	6	8	7	2	3	9
6	8	2	9	3	4	7	1	5
3	9	7	2	1	5	6	8	4
2	7	9	4	6	3	8	5	1
8	3	6	1	5	2	4	9	7
1	5	4	7	9	8	3	2	6

110

1	7	2	4	3	8	9	5	6
3	6	8	2	5	9	4	7	1
9	4	5	6	1	7	2	3	8
4	1	6	7	2	5	3	8	9
2	8	7	3	9	4	6	1	5
5	9	3	8	6	1	7	2	4
8	3	9	5	4	2	1	6	7
7	2	4	1	8	6	5	9	3
6	5	1	9	7	3	8	4	2

111

5	3	1	6	4	2	8	7	9
9	6	7	8	3	5	4	2	1
8	2	4	7	9	1	3	5	6
1	8	6	2	5	3	9	4	7
4	7	9	1	6	8	5	3	2
2	5	3	9	7	4	1	6	8
6	9	5	4	1	7	2	8	3
7	4	8	3	2	9	6	1	5
3	1	2	5	8	6	7	9	4

112

3	6	2	7	4	5	1	8	9
9	7	4	2	1	8	5	3	6
1	5	8	3	6	9	4	7	2
7	1	9	6	5	2	8	4	3
2	4	6	1	8	3	7	9	5
5	8	3	4	9	7	6	2	1
6	9	1	8	3	4	2	5	7
8	2	5	9	7	1	3	6	4
4	3	7	5	2	6	9	1	8

113

1	7	6	4	8	3	2	9	5
8	5	3	6	9	2	7	1	4
4	9	2	5	7	1	6	3	8
3	1	7	2	6	8	4	5	9
2	6	5	9	3	4	8	7	1
9	4	8	7	1	5	3	2	6
6	3	1	8	2	9	5	4	7
7	2	4	1	5	6	9	8	3
5	8	9	3	4	7	1	6	2

114

8	2	9	5	7	1	4	3	6
5	3	4	9	6	8	7	2	1
6	1	7	2	4	3	5	8	9
4	6	5	3	2	7	1	9	8
2	9	1	4	8	5	6	7	3
3	7	8	1	9	6	2	4	5
7	5	3	8	1	4	9	6	2
1	4	2	6	3	9	8	5	7
9	8	6	7	5	2	3	1	4

115

8	9	5	1	3	4	2	7	6
6	1	3	2	9	7	4	8	5
7	4	2	5	8	6	3	1	9
1	6	4	3	7	9	5	2	8
3	5	9	8	4	2	1	6	7
2	8	7	6	1	5	9	4	3
4	7	8	9	5	1	6	3	2
5	2	1	7	6	3	8	9	4
9	3	6	4	2	8	7	5	1

116

7	3	2	5	4	8	6	1	9
9	5	8	2	6	1	4	7	3
1	4	6	7	3	9	2	8	5
2	8	5	4	9	6	7	3	1
4	6	7	1	5	3	8	9	2
3	1	9	8	7	2	5	6	4
8	9	3	6	2	5	1	4	7
6	2	4	9	1	7	3	5	8
5	7	1	3	8	4	9	2	6

117

7	5	9	8	4	6	3	1	2
8	1	2	9	3	7	5	6	4
6	4	3	1	5	2	8	9	7
2	9	6	7	8	5	1	4	3
1	7	5	4	6	3	9	2	8
4	3	8	2	9	1	7	5	6
5	8	1	6	7	4	2	3	9
3	6	7	5	2	9	4	8	1
9	2	4	3	1	8	6	7	5

118

4	3	2	5	8	6	9	1	7
5	7	8	9	1	3	6	4	2
6	9	1	7	2	4	5	3	8
9	1	6	8	4	5	2	7	3
7	5	3	1	6	2	8	9	4
8	2	4	3	7	9	1	5	6
2	8	7	4	9	1	3	6	5
1	6	5	2	3	7	4	8	9
3	4	9	6	5	8	7	2	1

119

9	5	2	4	3	6	7	8	1
1	4	3	8	7	2	6	9	5
6	8	7	5	9	1	4	3	2
7	3	4	9	2	5	1	6	8
5	6	8	3	1	7	9	2	4
2	1	9	6	8	4	5	7	3
8	7	6	1	5	3	2	4	9
4	9	5	2	6	8	3	1	7
3	2	1	7	4	9	8	5	6

120

7	3	5	4	9	8	1	6	2
4	8	1	5	6	2	9	7	3
9	6	2	3	1	7	5	4	8
8	7	4	9	2	5	6	3	1
5	9	3	6	7	1	8	2	4
2	1	6	8	4	3	7	9	5
1	5	7	2	3	9	4	8	6
6	2	8	7	5	4	3	1	9
3	4	9	1	8	6	2	5	7

121

2	8	1	5	6	4	7	9	3
6	3	4	7	1	9	8	2	5
5	9	7	8	3	2	6	4	1
7	1	9	6	2	8	5	3	4
4	5	2	3	9	7	1	8	6
3	6	8	1	4	5	2	7	9
8	4	6	2	5	3	9	1	7
9	2	5	4	7	1	3	6	8
1	7	3	9	8	6	4	5	2

122

6	4	1	8	2	9	5	7	3
3	8	5	7	1	6	2	9	4
7	9	2	5	3	4	8	6	1
5	2	9	3	6	1	7	4	8
1	7	4	9	8	5	6	3	2
8	6	3	2	4	7	9	1	5
2	1	6	4	9	8	3	5	7
9	3	7	1	5	2	4	8	6
4	5	8	6	7	3	1	2	9

123

8	9	6	5	7	1	3	2	4
7	3	2	8	4	6	9	5	1
1	5	4	2	9	3	6	7	8
5	4	9	1	8	2	7	6	3
2	1	8	3	6	7	5	4	9
3	6	7	9	5	4	8	1	2
6	2	3	7	1	8	4	9	5
4	8	5	6	2	9	1	3	7
9	7	1	4	3	5	2	8	6

124

8	3	6	9	2	4	1	7	5
5	1	4	8	6	7	2	3	9
9	7	2	3	1	5	8	4	6
3	6	9	7	8	2	4	5	1
7	2	5	6	4	1	9	8	3
1	4	8	5	9	3	6	2	7
2	9	3	4	7	6	5	1	8
6	5	1	2	3	8	7	9	4
4	8	7	1	5	9	3	6	2

125

9	3	1	8	2	5	4	6	7
4	5	6	1	3	7	9	2	8
7	2	8	9	6	4	1	3	5
5	4	7	3	1	9	6	8	2
1	6	9	2	7	8	3	5	4
2	8	3	4	5	6	7	9	1
8	1	5	6	4	3	2	7	9
6	7	2	5	9	1	8	4	3
3	9	4	7	8	2	5	1	6

126

5	4	1	8	6	7	3	2	9
8	6	3	2	5	9	7	4	1
2	7	9	1	4	3	8	6	5
1	9	4	3	2	6	5	8	7
7	8	6	5	1	4	2	9	3
3	2	5	9	7	8	4	1	6
9	5	8	6	3	2	1	7	4
4	3	2	7	9	1	6	5	8
6	1	7	4	8	5	9	3	2

127

3	5	6	8	1	9	2	4	7
7	9	1	2	3	4	5	6	8
2	4	8	5	6	7	3	9	1
9	3	2	7	8	6	1	5	4
5	8	7	9	4	1	6	2	3
6	1	4	3	2	5	8	7	9
4	6	3	1	9	2	7	8	5
1	7	9	6	5	8	4	3	2
8	2	5	4	7	3	9	1	6

128

5	2	8	3	9	6	4	7	1
1	4	6	5	7	2	8	3	9
9	3	7	1	8	4	5	2	6
7	8	1	6	5	3	2	9	4
6	5	2	9	4	1	7	8	3
4	9	3	8	2	7	1	6	5
2	7	5	4	6	9	3	1	8
3	6	4	2	1	8	9	5	7
8	1	9	7	3	5	6	4	2

129

8	9	5	4	6	3	7	2	1
1	4	7	5	2	8	3	6	9
6	2	3	1	7	9	5	4	8
5	3	6	9	4	1	8	7	2
2	7	4	8	3	6	1	9	5
9	1	8	2	5	7	6	3	4
3	5	9	7	8	4	2	1	6
4	6	2	3	1	5	9	8	7
7	8	1	6	9	2	4	5	3

130

9	7	6	8	2	3	1	5	4
5	1	8	4	6	7	3	9	2
2	3	4	9	1	5	8	7	6
4	6	9	7	3	8	5	2	1
3	8	2	1	5	6	7	4	9
7	5	1	2	9	4	6	8	3
8	9	5	6	4	1	2	3	7
6	2	7	3	8	9	4	1	5
1	4	3	5	7	2	9	6	8

131

1	9	5	7	8	6	4	3	2
6	7	4	1	3	2	8	5	9
8	2	3	4	5	9	1	7	6
5	3	2	8	1	7	6	9	4
7	1	9	5	6	4	2	8	3
4	8	6	9	2	3	5	1	7
9	5	7	2	4	8	3	6	1
3	4	1	6	9	5	7	2	8
2	6	8	3	7	1	9	4	5

132

3	4	8	5	1	6	2	7	9
5	6	7	8	9	2	3	1	4
2	1	9	3	4	7	5	8	6
7	9	2	4	6	8	1	3	5
6	3	1	7	2	5	9	4	8
8	5	4	9	3	1	6	2	7
4	2	3	6	8	9	7	5	1
9	8	5	1	7	3	4	6	2
1	7	6	2	5	4	8	9	3

133

7	8	9	3	2	4	6	1	5
5	3	2	6	7	1	4	8	9
4	1	6	5	9	8	3	7	2
8	9	7	2	4	5	1	6	3
2	6	4	7	1	3	9	5	8
1	5	3	9	8	6	2	4	7
9	2	1	8	6	7	5	3	4
6	7	5	4	3	2	8	9	1
3	4	8	1	5	9	7	2	6

134

4	7	3	2	9	1	6	5	8
9	5	6	8	7	3	1	2	4
8	1	2	5	6	4	3	7	9
7	3	9	1	5	6	8	4	2
1	2	4	7	8	9	5	3	6
6	8	5	3	4	2	9	1	7
2	6	7	9	1	5	4	8	3
3	9	1	4	2	8	7	6	5
5	4	8	6	3	7	2	9	1

135

9	3	1	6	8	7	4	2	5
4	8	2	5	3	1	6	7	9
5	7	6	4	9	2	8	3	1
7	9	4	2	6	3	1	5	8
6	2	8	1	5	4	3	9	7
3	1	5	9	7	8	2	4	6
2	5	9	3	1	6	7	8	4
1	4	7	8	2	9	5	6	3
8	6	3	7	4	5	9	1	2

136

2	5	8	9	6	4	1	3	7
7	9	1	8	3	5	4	2	6
4	6	3	2	7	1	5	9	8
6	1	5	4	2	3	8	7	9
9	3	4	7	5	8	6	1	2
8	7	2	1	9	6	3	5	4
1	2	6	5	8	7	9	4	3
3	4	7	6	1	9	2	8	5
5	8	9	3	4	2	7	6	1

137

2	9	5	6	8	3	4	7	1
8	4	7	5	2	1	6	3	9
3	1	6	9	7	4	2	5	8
9	2	1	3	6	7	5	8	4
6	5	4	8	9	2	3	1	7
7	8	3	1	4	5	9	2	6
1	7	2	4	3	9	8	6	5
5	6	9	2	1	8	7	4	3
4	3	8	7	5	6	1	9	2

138

6	2	9	7	3	5	1	4	8
4	3	7	8	1	2	9	5	6
8	5	1	9	6	4	2	3	7
1	6	3	5	2	7	8	9	4
7	4	5	3	8	9	6	1	2
9	8	2	1	4	6	5	7	3
3	9	4	6	5	8	7	2	1
5	1	6	2	7	3	4	8	9
2	7	8	4	9	1	3	6	5

139

2	9	6	1	7	3	5	8	4
3	4	5	8	9	6	7	1	2
8	7	1	4	5	2	9	6	3
5	6	9	2	3	4	1	7	8
1	2	7	9	8	5	4	3	6
4	8	3	6	1	7	2	5	9
9	3	2	7	6	1	8	4	5
7	5	4	3	2	8	6	9	1
6	1	8	5	4	9	3	2	7

140

3	7	1	4	8	5	6	2	9
4	5	6	9	2	1	8	3	7
9	8	2	3	6	7	4	5	1
6	3	4	1	5	9	2	7	8
2	9	7	6	3	8	5	1	4
8	1	5	7	4	2	9	6	3
5	6	3	8	1	4	7	9	2
7	2	8	5	9	3	1	4	6
1	4	9	2	7	6	3	8	5

141

5	7	4	3	2	1	6	9	8
9	2	8	5	4	6	1	3	7
3	1	6	7	9	8	2	5	4
2	4	3	8	6	9	5	7	1
6	8	7	2	1	5	3	4	9
1	5	9	4	3	7	8	2	6
7	6	5	9	8	3	4	1	2
4	9	1	6	5	2	7	8	3
8	3	2	1	7	4	9	6	5

142

3	9	2	1	7	5	4	6	8
5	6	7	8	4	9	3	1	2
1	4	8	2	6	3	7	5	9
9	5	6	3	2	1	8	7	4
8	3	1	7	9	4	6	2	5
2	7	4	5	8	6	9	3	1
6	1	9	4	5	7	2	8	3
4	8	3	6	1	2	5	9	7
7	2	5	9	3	8	1	4	6

143

1	7	9	5	6	4	2	8	3
6	5	2	3	8	7	4	1	9
8	4	3	9	2	1	5	6	7
4	8	7	1	3	2	6	9	5
2	1	5	4	9	6	3	7	8
3	9	6	7	5	8	1	2	4
5	3	1	6	7	9	8	4	2
9	2	4	8	1	3	7	5	6
7	6	8	2	4	5	9	3	1

144

1	4	3	2	5	8	9	6	7
5	9	8	1	6	7	4	2	3
7	6	2	4	9	3	5	1	8
3	5	1	9	4	6	8	7	2
9	2	7	3	8	1	6	4	5
4	8	6	7	2	5	3	9	1
6	3	9	5	7	2	1	8	4
2	1	4	8	3	9	7	5	6
8	7	5	6	1	4	2	3	9

145

8	9	3	6	2	4	1	5	7
5	2	1	7	3	8	4	6	9
4	7	6	1	9	5	2	3	8
3	6	7	9	8	1	5	4	2
9	1	8	4	5	2	6	7	3
2	4	5	3	6	7	9	8	1
7	3	9	2	4	6	8	1	5
6	8	2	5	1	3	7	9	4
1	5	4	8	7	9	3	2	6

146

4	2	3	8	1	7	9	5	6
1	7	9	6	5	4	2	8	3
5	8	6	2	9	3	7	1	4
8	6	1	7	2	5	4	3	9
3	4	7	1	8	9	6	2	5
2	9	5	3	4	6	8	7	1
9	1	4	5	7	8	3	6	2
7	3	2	9	6	1	5	4	8
6	5	8	4	3	2	1	9	7

147

4	1	9	2	5	7	8	6	3
2	6	5	8	4	3	1	9	7
7	3	8	1	9	6	2	4	5
6	9	7	5	8	1	4	3	2
5	4	1	3	6	2	7	8	9
8	2	3	4	7	9	5	1	6
1	7	6	9	2	8	3	5	4
3	5	2	6	1	4	9	7	8
9	8	4	7	3	5	6	2	1

148

1	2	9	7	6	4	8	5	3
7	6	3	1	8	5	9	2	4
8	5	4	2	9	3	6	1	7
9	3	8	5	4	7	1	6	2
6	4	1	8	3	2	7	9	5
5	7	2	9	1	6	3	4	8
3	8	5	6	2	1	4	7	9
2	9	6	4	7	8	5	3	1
4	1	7	3	5	9	2	8	6

149

4	3	8	7	6	9	5	2	1
5	7	6	1	2	4	9	3	8
2	9	1	5	3	8	6	7	4
6	5	9	8	1	7	2	4	3
8	2	3	4	5	6	7	1	9
1	4	7	3	9	2	8	6	5
9	1	5	2	7	3	4	8	6
7	6	4	9	8	1	3	5	2
3	8	2	6	4	5	1	9	7

150

2	8	9	5	3	6	4	1	7
6	5	7	4	8	1	2	9	3
4	3	1	2	9	7	5	8	6
1	2	6	7	5	8	3	4	9
9	4	3	1	6	2	8	7	5
5	7	8	9	4	3	1	6	2
8	9	2	3	7	4	6	5	1
3	6	5	8	1	9	7	2	4
7	1	4	6	2	5	9	3	8

151

9	7	5	4	3	2	1	8	6
6	3	8	7	1	5	2	4	9
4	1	2	9	6	8	7	3	5
3	8	6	5	7	9	4	1	2
7	5	4	1	2	6	3	9	8
1	2	9	8	4	3	5	6	7
2	4	7	6	8	1	9	5	3
5	6	3	2	9	4	8	7	1
8	9	1	3	5	7	6	2	4

152

5	9	2	6	3	4	7	1	8
8	3	1	2	5	7	9	4	6
6	7	4	1	8	9	5	3	2
9	2	7	5	6	3	4	8	1
3	5	8	7	4	1	2	6	9
1	4	6	9	2	8	3	7	5
7	8	9	4	1	2	6	5	3
2	6	3	8	7	5	1	9	4
4	1	5	3	9	6	8	2	7

153

3	1	6	4	2	5	8	9	7
5	8	4	7	9	1	3	6	2
9	7	2	6	8	3	5	4	1
1	2	8	9	4	7	6	3	5
7	4	3	1	5	6	9	2	8
6	5	9	2	3	8	7	1	4
4	3	5	8	1	9	2	7	6
8	6	1	3	7	2	4	5	9
2	9	7	5	6	4	1	8	3

154

7	3	1	8	4	5	9	6	2
6	9	5	2	1	3	7	4	8
2	4	8	7	6	9	5	3	1
1	5	4	3	2	8	6	7	9
9	7	6	1	5	4	2	8	3
3	8	2	9	7	6	1	5	4
8	6	9	5	3	1	4	2	7
4	1	7	6	8	2	3	9	5
5	2	3	4	9	7	8	1	6

155

2	3	7	4	9	1	5	6	8
5	8	6	2	7	3	1	9	4
1	9	4	8	6	5	3	7	2
9	4	8	5	1	7	2	3	6
3	7	2	6	4	8	9	5	1
6	1	5	3	2	9	8	4	7
8	6	3	7	5	2	4	1	9
7	5	1	9	8	4	6	2	3
4	2	9	1	3	6	7	8	5

156

9	1	8	6	7	4	5	2	3
7	6	3	5	8	2	1	4	9
4	2	5	9	1	3	7	8	6
5	4	9	2	6	1	8	3	7
2	7	6	8	3	9	4	1	5
3	8	1	4	5	7	6	9	2
8	3	2	7	4	6	9	5	1
1	5	7	3	9	8	2	6	4
6	9	4	1	2	5	3	7	8

157

5	7	6	3	8	2	9	1	4
2	9	4	7	6	1	3	5	8
8	1	3	9	4	5	6	7	2
1	2	9	5	7	4	8	3	6
6	4	7	8	2	3	1	9	5
3	8	5	1	9	6	4	2	7
7	6	8	2	1	9	5	4	3
4	5	1	6	3	7	2	8	9
9	3	2	4	5	8	7	6	1

158

5	1	7	8	4	6	3	9	2
8	9	6	1	2	3	4	5	7
4	3	2	5	9	7	6	8	1
7	6	5	3	1	4	9	2	8
1	8	3	2	6	9	7	4	5
9	2	4	7	5	8	1	3	6
6	7	9	4	8	2	5	1	3
2	4	1	6	3	5	8	7	9
3	5	8	9	7	1	2	6	4

159

3	1	6	4	9	2	7	8	5
8	2	9	5	6	7	3	4	1
4	5	7	3	1	8	2	9	6
9	4	1	2	7	5	8	6	3
2	6	3	1	8	4	5	7	9
5	7	8	6	3	9	1	2	4
1	8	2	9	5	6	4	3	7
7	9	5	8	4	3	6	1	2
6	3	4	7	2	1	9	5	8

160

5	1	2	4	6	3	7	9	8
8	3	9	7	2	5	1	4	6
6	7	4	8	1	9	5	2	3
4	5	3	9	8	2	6	1	7
2	6	8	1	7	4	3	5	9
1	9	7	5	3	6	4	8	2
7	4	5	6	9	8	2	3	1
9	2	1	3	4	7	8	6	5
3	8	6	2	5	1	9	7	4

161

2	4	7	9	3	6	8	5	1
6	5	9	1	8	2	3	7	4
1	8	3	4	5	7	6	9	2
7	6	8	5	1	3	4	2	9
3	9	1	2	7	4	5	8	6
5	2	4	6	9	8	7	1	3
8	1	5	3	4	9	2	6	7
9	3	6	7	2	5	1	4	8
4	7	2	8	6	1	9	3	5

162

3	4	6	5	7	2	8	9	1
2	5	9	6	8	1	3	4	7
8	7	1	3	9	4	6	2	5
1	2	8	9	5	6	7	3	4
9	3	4	7	2	8	5	1	6
5	6	7	1	4	3	9	8	2
7	1	5	4	3	9	2	6	8
4	9	2	8	6	7	1	5	3
6	8	3	2	1	5	4	7	9

163

2	1	4	7	3	8	6	9	5
3	8	9	2	5	6	1	4	7
7	6	5	4	9	1	2	3	8
9	4	7	5	6	2	3	8	1
6	3	2	1	8	4	5	7	9
1	5	8	9	7	3	4	2	6
5	2	1	8	4	7	9	6	3
4	7	3	6	1	9	8	5	2
8	9	6	3	2	5	7	1	4

164

1	4	9	2	8	3	7	5	6
6	8	7	9	1	5	3	2	4
3	2	5	6	4	7	9	8	1
5	3	4	8	7	1	2	6	9
2	1	6	5	9	4	8	7	3
9	7	8	3	6	2	1	4	5
4	6	1	7	3	8	5	9	2
7	5	3	4	2	9	6	1	8
8	9	2	1	5	6	4	3	7

165

6	4	2	1	8	3	9	7	5
8	7	1	5	9	4	3	2	6
3	5	9	2	6	7	8	4	1
2	8	4	9	5	6	7	1	3
1	9	6	7	3	2	4	5	8
5	3	7	4	1	8	6	9	2
4	6	5	3	7	1	2	8	9
9	2	8	6	4	5	1	3	7
7	1	3	8	2	9	5	6	4

166

9	5	6	7	4	2	3	8	1
2	1	4	9	3	8	6	7	5
8	7	3	6	1	5	9	4	2
1	6	2	4	5	3	8	9	7
4	8	7	1	6	9	5	2	3
5	3	9	8	2	7	1	6	4
6	2	8	5	7	1	4	3	9
7	9	5	3	8	4	2	1	6
3	4	1	2	9	6	7	5	8

167

5	7	8	3	2	9	4	6	1
4	1	3	6	5	8	9	7	2
2	6	9	7	1	4	5	3	8
8	9	1	5	7	3	6	2	4
3	2	5	9	4	6	8	1	7
7	4	6	2	8	1	3	5	9
6	8	2	1	9	5	7	4	3
1	5	4	8	3	7	2	9	6
9	3	7	4	6	2	1	8	5

168

5	2	8	6	4	3	7	1	9
9	3	4	5	7	1	8	6	2
6	7	1	9	8	2	5	4	3
4	8	9	1	5	6	3	2	7
7	6	2	8	3	4	9	5	1
1	5	3	2	9	7	4	8	6
8	1	5	7	6	9	2	3	4
2	4	7	3	1	5	6	9	8
3	9	6	4	2	8	1	7	5

169

2	9	7	1	5	3	4	8	6
5	4	8	6	2	7	9	1	3
1	6	3	9	8	4	2	5	7
6	1	5	4	3	2	7	9	8
4	8	2	5	7	9	6	3	1
3	7	9	8	1	6	5	2	4
9	3	1	7	4	5	8	6	2
7	2	6	3	9	8	1	4	5
8	5	4	2	6	1	3	7	9

170

7	9	5	8	2	1	4	6	3
4	2	3	9	6	7	5	1	8
6	8	1	3	4	5	2	7	9
8	6	9	2	1	3	7	4	5
5	1	2	7	8	4	3	9	6
3	4	7	5	9	6	8	2	1
9	5	4	1	7	8	6	3	2
1	7	8	6	3	2	9	5	4
2	3	6	4	5	9	1	8	7

171

4	9	8	3	1	5	7	2	6
5	7	1	6	9	2	3	8	4
2	6	3	4	7	8	5	1	9
3	5	9	7	8	4	1	6	2
8	2	6	9	3	1	4	5	7
1	4	7	2	5	6	8	9	3
9	8	2	1	4	7	6	3	5
7	3	5	8	6	9	2	4	1
6	1	4	5	2	3	9	7	8

172

2	8	3	6	5	1	4	9	7
4	5	7	8	9	3	1	6	2
1	6	9	7	2	4	5	3	8
8	3	1	5	6	2	9	7	4
7	9	5	1	4	8	6	2	3
6	2	4	9	3	7	8	5	1
9	1	2	4	7	5	3	8	6
3	4	6	2	8	9	7	1	5
5	7	8	3	1	6	2	4	9

173

4	1	7	8	3	2	6	5	9
2	3	8	5	6	9	7	4	1
5	6	9	7	1	4	3	8	2
7	8	2	6	5	3	1	9	4
6	5	4	9	7	1	8	2	3
1	9	3	2	4	8	5	6	7
3	2	6	1	9	5	4	7	8
9	7	1	4	8	6	2	3	5
8	4	5	3	2	7	9	1	6

174

9	6	5	7	1	8	3	2	4
4	2	8	9	6	3	7	1	5
1	3	7	2	5	4	9	6	8
3	5	1	4	7	6	2	8	9
8	9	4	1	3	2	6	5	7
2	7	6	5	8	9	1	4	3
7	8	9	6	2	5	4	3	1
6	1	3	8	4	7	5	9	2
5	4	2	3	9	1	8	7	6

175

8	6	3	9	2	7	5	1	4
7	5	2	3	1	4	6	9	8
1	9	4	5	6	8	2	3	7
3	2	8	1	4	5	9	7	6
5	1	7	2	9	6	4	8	3
9	4	6	7	8	3	1	2	5
4	8	1	6	3	2	7	5	9
2	3	5	4	7	9	8	6	1
6	7	9	8	5	1	3	4	2

176

2	4	3	5	6	8	7	1	9
7	6	1	9	2	3	4	5	8
8	5	9	7	4	1	3	6	2
3	2	6	4	7	9	5	8	1
5	1	7	2	8	6	9	3	4
9	8	4	1	3	5	6	2	7
1	7	2	6	5	4	8	9	3
4	3	5	8	9	2	1	7	6
6	9	8	3	1	7	2	4	5

177

6	7	8	4	5	9	1	2	3
4	1	3	7	2	6	5	8	9
2	9	5	1	3	8	7	4	6
9	6	7	8	1	5	4	3	2
3	5	2	6	9	4	8	7	1
8	4	1	3	7	2	6	9	5
5	8	6	9	4	3	2	1	7
7	2	9	5	8	1	3	6	4
1	3	4	2	6	7	9	5	8

178

9	5	6	3	1	4	2	8	7
8	4	7	5	6	2	9	1	3
2	3	1	9	7	8	4	6	5
3	7	9	2	8	6	5	4	1
4	6	8	1	9	5	7	3	2
5	1	2	7	4	3	6	9	8
1	9	3	4	5	7	8	2	6
6	2	5	8	3	9	1	7	4
7	8	4	6	2	1	3	5	9

179

7	1	4	8	6	3	5	2	9
6	5	9	1	7	2	4	8	3
3	8	2	4	5	9	7	6	1
1	6	8	2	3	7	9	5	4
2	3	5	9	4	1	8	7	6
9	4	7	6	8	5	3	1	2
4	7	3	5	1	6	2	9	8
5	9	6	3	2	8	1	4	7
8	2	1	7	9	4	6	3	5

180

3	8	4	9	6	1	5	7	2
2	7	9	3	5	8	4	6	1
5	6	1	4	7	2	9	8	3
9	3	5	7	8	4	1	2	6
1	4	8	2	3	6	7	5	9
7	2	6	5	1	9	3	4	8
8	5	7	1	2	3	6	9	4
6	9	3	8	4	5	2	1	7
4	1	2	6	9	7	8	3	5

181

3	5	6	8	2	9	1	4	7
4	2	9	7	5	1	8	6	3
7	8	1	6	4	3	5	2	9
6	7	5	2	3	8	4	9	1
8	1	2	4	9	6	7	3	5
9	3	4	1	7	5	2	8	6
5	4	3	9	1	2	6	7	8
2	9	8	5	6	7	3	1	4
1	6	7	3	8	4	9	5	2

182

5	6	1	4	8	3	9	2	7
2	9	4	7	6	1	3	8	5
3	7	8	2	9	5	1	6	4
4	8	3	6	5	9	7	1	2
1	2	7	8	3	4	6	5	9
6	5	9	1	2	7	8	4	3
9	3	2	5	1	6	4	7	8
7	1	5	9	4	8	2	3	6
8	4	6	3	7	2	5	9	1

183

2	4	6	3	5	7	1	9	8
3	9	7	8	1	6	4	5	2
1	5	8	2	4	9	6	3	7
9	8	2	5	6	3	7	4	1
5	6	4	7	8	1	9	2	3
7	3	1	4	9	2	5	8	6
6	2	3	9	7	4	8	1	5
8	1	9	6	3	5	2	7	4
4	7	5	1	2	8	3	6	9

184

6	7	8	2	5	4	1	9	3
5	9	2	7	1	3	4	6	8
3	1	4	9	8	6	5	2	7
7	3	5	8	2	1	9	4	6
2	4	1	3	6	9	7	8	5
8	6	9	4	7	5	3	1	2
9	5	6	1	3	2	8	7	4
4	2	7	5	9	8	6	3	1
1	8	3	6	4	7	2	5	9

185

7	6	3	4	1	2	9	5	8
4	5	2	8	6	9	1	3	7
1	8	9	3	7	5	4	2	6
5	2	1	9	3	8	7	6	4
3	4	8	6	2	7	5	1	9
6	9	7	1	5	4	3	8	2
9	7	5	2	8	1	6	4	3
2	1	6	7	4	3	8	9	5
8	3	4	5	9	6	2	7	1

186

5	9	7	2	4	1	8	3	6
8	6	2	5	9	3	1	7	4
3	1	4	6	8	7	9	5	2
6	3	1	4	5	8	2	9	7
2	7	9	3	1	6	4	8	5
4	5	8	7	2	9	3	6	1
9	8	5	1	6	4	7	2	3
7	4	6	9	3	2	5	1	8
1	2	3	8	7	5	6	4	9

187

7	8	1	3	2	5	6	9	4
9	5	3	4	6	1	7	2	8
4	6	2	9	7	8	1	5	3
1	7	5	8	9	2	3	4	6
6	3	8	5	1	4	9	7	2
2	4	9	7	3	6	5	8	1
8	2	7	1	5	3	4	6	9
5	1	4	6	8	9	2	3	7
3	9	6	2	4	7	8	1	5

188

7	4	1	6	8	5	3	2	9
2	3	6	4	9	1	8	5	7
5	9	8	3	7	2	1	4	6
4	2	7	1	3	8	6	9	5
8	6	3	5	2	9	4	7	1
1	5	9	7	4	6	2	8	3
9	1	5	8	6	4	7	3	2
6	7	4	2	5	3	9	1	8
3	8	2	9	1	7	5	6	4

189

4	7	6	1	3	2	5	8	9
2	5	3	8	4	9	6	7	1
8	1	9	6	5	7	3	2	4
1	6	2	4	9	3	8	5	7
5	8	4	7	2	1	9	3	6
3	9	7	5	6	8	4	1	2
7	3	1	9	8	4	2	6	5
9	2	5	3	1	6	7	4	8
6	4	8	2	7	5	1	9	3

190

7	3	6	8	1	5	4	2	9
2	9	5	4	6	7	1	3	8
8	4	1	3	2	9	5	6	7
9	1	8	2	5	3	7	4	6
3	2	7	6	8	4	9	1	5
5	6	4	7	9	1	3	8	2
4	8	3	5	7	2	6	9	1
1	5	2	9	3	6	8	7	4
6	7	9	1	4	8	2	5	3

191

7	5	3	9	6	1	8	2	4
2	1	6	8	3	4	7	9	5
4	8	9	2	5	7	1	3	6
8	7	5	6	4	3	2	1	9
1	9	4	7	8	2	6	5	3
6	3	2	1	9	5	4	7	8
9	2	8	3	7	6	5	4	1
3	4	1	5	2	8	9	6	7
5	6	7	4	1	9	3	8	2

192

7	8	1	9	6	5	2	3	4
3	4	9	2	1	8	5	6	7
5	2	6	4	3	7	8	1	9
6	5	2	1	7	4	9	8	3
8	1	7	5	9	3	4	2	6
9	3	4	6	8	2	7	5	1
2	6	8	3	4	9	1	7	5
4	7	3	8	5	1	6	9	2
1	9	5	7	2	6	3	4	8

193

3	2	5	8	7	6	9	1	4
7	9	1	3	2	4	5	6	8
6	4	8	5	9	1	2	3	7
8	1	7	2	4	3	6	9	5
5	6	2	7	1	9	8	4	3
9	3	4	6	8	5	1	7	2
1	7	9	4	5	2	3	8	6
2	8	6	9	3	7	4	5	1
4	5	3	1	6	8	7	2	9

194

2	9	3	6	1	7	4	5	8
4	1	5	9	8	2	7	6	3
8	6	7	4	3	5	9	1	2
7	2	1	5	6	3	8	4	9
6	4	8	7	2	9	1	3	5
3	5	9	1	4	8	6	2	7
1	3	2	8	9	6	5	7	4
5	8	6	3	7	4	2	9	1
9	7	4	2	5	1	3	8	6

195

8	9	5	4	1	7	6	2	3
2	3	4	6	9	8	5	7	1
6	7	1	3	5	2	4	8	9
9	5	6	1	7	4	2	3	8
4	2	8	9	3	5	7	1	6
7	1	3	2	8	6	9	5	4
5	8	9	7	6	1	3	4	2
1	6	2	5	4	3	8	9	7
3	4	7	8	2	9	1	6	5

196

2	9	5	4	3	7	6	1	8
7	8	6	2	1	9	4	3	5
4	3	1	6	5	8	2	9	7
1	4	8	3	7	2	9	5	6
3	6	2	9	8	5	7	4	1
5	7	9	1	4	6	3	8	2
6	1	7	8	9	4	5	2	3
8	2	4	5	6	3	1	7	9
9	5	3	7	2	1	8	6	4

197

4	1	6	3	2	7	5	8	9
3	9	7	1	8	5	2	6	4
8	2	5	6	9	4	1	3	7
1	6	2	9	4	8	3	7	5
5	4	3	7	1	6	8	9	2
7	8	9	5	3	2	4	1	6
9	5	4	8	7	3	6	2	1
2	7	8	4	6	1	9	5	3
6	3	1	2	5	9	7	4	8

198

6	5	9	1	8	2	4	7	3
7	1	8	4	5	3	2	6	9
2	3	4	6	9	7	1	8	5
5	9	1	8	3	4	6	2	7
8	7	2	5	6	9	3	1	4
3	4	6	2	7	1	9	5	8
1	2	3	7	4	5	8	9	6
4	8	7	9	1	6	5	3	2
9	6	5	3	2	8	7	4	1

199

2	8	5	6	1	4	7	3	9
3	4	6	9	7	2	8	1	5
9	7	1	5	8	3	6	4	2
8	2	4	3	9	5	1	7	6
5	1	7	8	2	6	3	9	4
6	3	9	7	4	1	2	5	8
4	6	2	1	3	9	5	8	7
7	9	3	2	5	8	4	6	1
1	5	8	4	6	7	9	2	3

200

4	8	3	6	7	1	9	5	2
9	6	1	2	3	5	7	8	4
5	7	2	4	9	8	1	3	6
2	3	9	5	1	7	4	6	8
6	4	8	9	2	3	5	7	1
1	5	7	8	6	4	3	2	9
8	1	4	7	5	2	6	9	3
3	9	5	1	8	6	2	4	7
7	2	6	3	4	9	8	1	5